薛法根教育文丛

为言语智能而教

——薛法根与语文组块教学

薛法根◎著

教育科学出版社
·北京·

序·说自己的话

一

开口说话是一件挺容易的事。但要会说话，会说自己的话，会说让人信服的话，却不是一件简单的事。或许有的人学了一辈子，也没能学会说话。

小时候，见了陌生人，我就羞涩得不敢说话。过年时，去舅舅家做客，我总是跟在妈妈身后，见了舅舅、舅妈，也是面红耳赤，张不开嘴。直到进了师范学校，我才知道说话居然是老师的看家本事。想想也是，我的老师不就是靠一张嘴巴、一支粉笔讲课吗？在讲台上说的当然不能是自己的家乡话。我对平舌音、翘舌音一向分不清，“四是四，十是十……”这样的绕口令，绕得我恨不得把舌头拉出来揍一顿。好在师范学校里那位姓程的女老师常常会突然出现在我们身后，督促我们：“同学，请说普通话！”于是，我终于学会了普通话。

时过境迁，如今的孩子刚进小学的大门，普通话已经说得有模有样了，甚至能指出我咬字不清的毛病。那是我浓重的家乡话留下的痕迹，不管怎么努力，都很难改掉。其实，我压根不想去改。无论走得多远，无论走得多累，那种熟悉的乡音，总会让我感到温暖，感到亲近，以至牵住了奔向城市的脚步，将我的教育梦想留在了这片稻花香里、机杼声中。

会说自己的家乡话，你就有了自己的“根”，也便藏起了那枚叫作“乡愁”的邮票。

二

普通话也好，家乡话也罢，重要的是你说的都是真心话。有的人一说假话，就心虚脸红；也有的人常常把假话当成真话说，说久了，连自己都分不清真假。其实，可怜的不是那些被骗的人，而是那些说谎者。常言道，一个谎言需要一百个谎言去遮掩。说谎的人，不得不编造出更多的假话，活得真累！说真话，你就吃得下饭，睡得着觉，笑得出声，这才是最舒心的日子！这样的日子，会让你看上去比实际年龄至少年轻五岁。有位老师听完我的课，称我“薛老男孩”，这是迄今为止对我最好的褒奖。如果换成“薛老男人”，那就是我的教育悲剧了。

我给自己画了一条说话的底线——真话不全说，假话全不说。有人问，说真话还有错？为什么真话不全说呢？一次，我给一位青年教师评课，肯定了她的成功之处，又直言不讳地指出她所上的《石头书》的不足之处——她误将文中的科学常识当成教学内容，语文课几乎上成了科学课。起初她很淡定，后来慢慢地低下了头，再也没有抬起来。事后，我很自责，尽管我说的是真心话，但无意中让这位老师很受伤。说真话也要看场合，千万不能忽视别人的感受。

真话不全说，不等于不敢说真话。有些真话，尽管听的人觉着不舒服，但你还是要说，这是一种做人的责任和勇气。有一次听贾志敏老师上语文课，有几个孩子朗读时带着读书腔。贾老师评价说：“读得不自然，很一般！”或者“读得不错，不错就是马马虎虎”。有时干脆说：“不好！”乍一听，觉着有些刺耳，细一想，才明白这样真实的评价，才能让孩子真正认识自己，看到自己的不足。作为教师，我们不能在爱的名义下，忽略孩子的缺点和错误，以致让他们迷失自己。

把别人当成自己，你的真话就有了温度；把别人当成别人，你的真话就是衡量对与错、好与坏的刻度。说真话的人，往往是心地善良的人，自己快乐，也让别人快乐。一个好老师的心，一定是柔软的，也一定是善良的。

至于假话，你觉得难以说出口，又不想说真话时，最好的办法就是“莫言”，沉默是金！

三

说自己的话，就是不重复别人的话。别人的话也许很有道理，让你受益匪浅，但究竟是别人的思想。你说了一万遍，也只是重复了一万遍，不会变成你自己的话。做老师的，不能把书本上、教参上，或者从别人那里听来的话，简单地搬到你的课堂里，煞有介事地说给学生们听。要知道，在信息化时代，我们的学生或许比你更早看到过、听到过这些有道理的话，甚至比你知道的还要多。唯有你自己独到而深刻的思考和见解，才会让学生有一种新鲜感，才会唤醒那些倾听的耳朵。当学生在你的课堂上心不在焉、听而不闻的时候，你先要检讨的是自己。不读书，不思考，你就会变得平庸而无趣，到时候只能人云亦云，重复别人说过无数次的话。

难得和管建刚老师在一起交谈，每次都能从他的嘴里听到让我感觉新鲜的话。我既高兴又着急，因为你觉得别人的话新鲜了，说明自己已经落伍了。只有对教育现象做过深刻辨析，对教学实践进行过高度凝练，这样的人才会寻找到属于自己的句子，说出只有你才能说出来的话语。吴忠豪先生提倡语文本体性教学，很多老师不甚明了，我打了一个比方：“所谓本体性的教学内容，就是你做的那盘菜的主料；那些非本体性的内容，就是炒那盘菜时添加的作料。”这就意味着只吃主料，有营养，但很难吃；添上作料一翻炒，就色香味俱全。如果只有作料，只是空欢喜一场，还是会饿肚子。把别人难以理解的道理，用自己的话通俗易懂地说出来，是一种理解得通透的表现。

我引用语用学的关联理论阐释组块教学的基本原理，彭钢先生听完了对我说："你说的不像你，不像你的课。"顿觉醍醐灌顶，用别人的理论框子来装自己鲜活的实践，有削足适履之嫌。理论如盐，只有化到了实践的水里，才会有滋有味。自己说的话要像自己做的事，更要像自己这个人。

四

对教育，对语文教学，我们每个人都有话说。有的人在报纸杂志上公开说，有的人在私底下悄悄说，还有的人在自己的书里对自己说，至于别人看不看，看了之后会怎么说，也不太在意。在自己的书里说的人，说自己的话，走自己的路，活得很自信，也很洒脱。我尚未脱俗，所以很在意自己说的每一句话，也很在意别人看了或听了之后的感受。尽管已经到了不惑之年，对教育、对语文教学总有说不完的困惑。有些话说完之后，我常常会后悔，生怕误导了教师或者学生。所以，我只敢在教育报刊上说些只言片语，以遮掩我的浅陋。

我向来觉得出书是一件很庄重、很伟大的事。一本好书字字珠玑，可以让人百看不厌、终身受益。如果那本书别人只看一眼封皮就束之高阁，大概就没有什么价值，还是不出为好，以免浪费了别人的金钱，也浪费了别人的时间。

此次承蒙吴法源先生厚爱，编辑老师帮我整理了理论、课例和随笔三本专集，我真的有些惶恐：所说的这些话，会不会浪费读者的金钱和时间呢？

说自己的话，特别是在一本书里自说自话，不仅需要思想，更需要一种说话的勇气。感谢给予我说话勇气的朋友们！

目 录 | contents

中篇　组块教学策略

上篇　组块教学理论

组块教学在内容上基于教材，根植于生活，将鲜活的生活素材融入课文、引进课堂，及时充实、调整、重组教学内容，具有开放性；在结构上突破线性思路，采取板块式的教学结构，凸显教学重点，拓宽教学时空，更具灵活性；在功效上实现一个板块活动达成多个教学目标，减少无效劳动，具有增值性。

第一章　组块教学的基本理念

荀子曾经说过，人“最为天下贵”。人之贵就贵在能够创造价值，是价值的主体。人的价值有潜在的价值和实现的价值两种形态，潜在的价值是指人的本质力量，即主体力量所具有的创造潜能，亦指人的智慧潜能。教育的意义就在于，发现人的智慧潜能，并创造顺应人的天性（天赋）的教育，让每个人得以自由而充分地发展，从而最终实现人的生命价值，获得幸福的人生。简而言之，教育的核心价值在于实现人的价值，即“解放人的创造力”。

智慧解放教育与知识驯化教育是对立的。知识驯化教育试图通过知识传授，将儿童驯化成与社会制度、现存文化相一致的社会成员，目的在于“控制与塑造”；智慧解放教育则基于对生命的关怀，发现并成就儿童的智慧潜能，目的在于“自由与创造”。

智慧解放教育不等于儿童中心教育。儿童中心教育试图通过教师的“死亡”来给予儿童自由，凸显儿童的主体价值，危险在于“失度与放纵”；智慧解放教育基于对教师“复活”意义的深刻体验，实现人性的解放，价值在于“适度与完善”。

智慧解放教育理念的核心思想在于“解放”，儿童的生命智慧需要教育的解放，而非教育的压迫。这正如巴西教育家保罗·弗莱雷所言：教育即解放。一是意识的解放。教育旨在让人从对自然与社会的神秘意识、幼稚意识中解脱出来，具有批判意识。意识的解放能使人觉醒，让人逐步走向独立，而独立则是生命的本体追求。二是教学的解放。民主的教育让教师与学生的差别日渐消融却又保持永久的张力，师生共同创造丰富而有希望的教学生活。教学的解放使人觉悟，让人永远充满希望，而希望则是生命的本体需要。三是人性的解放。人是不完美的，但有无限的可能性。人性的解放意味着让人成为他想成为的那个人，或者成为他应该成为的那个人。教育的永恒价值就在于，让人不断地完善自己，智慧地成为唯一的“那一个”。人性的解放使人觉慧，让人日渐获得自由，而自由是人的本性，不断完善自己则是人的本体使命。

智慧解放教育是一场教育的智慧革命，表现为教育的一种自由、和谐、开放和创造的状态，是真正意义上尊重生命、关注个性、崇尚智慧、追求人生幸福的教育境界。组块教学正是在智慧解放教育理念下，在语文学科开展的一项教学变革，旨在通过“组块”有效改善儿童的记忆能力，促进儿童思维方式的转变，进而运用组块式思维自觉发现并建构语文知识间的内在联系，促进儿童言语智慧潜能的实践转化，实现教学的智慧解放。

基于对智慧解放教育核心价值观的理解，我们应重新审视并在内心确立起智慧解放教育理念下的儿童观、课程观和教学观。

一、基于“多元智能理论”的儿童发展观

多元智能理论告诉我们，人类有 8 种智能：言语智能、逻辑数学智能、空间智能、身体运动智能、音乐智能、人际关系智能、自我认识智能和自然观察智能。每个人都具有某些方面的智能优势，显示出独特的认知特征。适切的教育可以充分地发掘每一个人的潜在智能，促使他们在各自的智能优势领域获得最大限度的发展。从这个角度讲，需要我们创设适合孩子学习的“聪明环境”，在积极健康、富有“营养”、充满情趣和交互作用的环境里，每个孩子都能发挥自己的优势潜能，在不同的学习领域获得成功，成为智慧儿童。由此，我们应该：

无限相信每个孩子都有学习的愿望。儿童是天生的学习者，他们怀着强烈的好奇心和求知欲来到这个世界，我们没有任何理由怀疑他们与生俱来的学习愿望。我们知道，学习有 5 个层级：愿学（学习动机）、乐学（学习兴趣）、好学（学习情感）、勤学（学习意志）、独立学习（学习性格）。对于儿童来说，没有兴趣就没有学习；没有积极的情感体验，就没有持续的学习。学习需要刻苦，但绝对不要痛苦！

无限相信每个孩子都有学好的潜能。学习潜能是所有孩子与生俱来的尚未被发现和外显的学习能力。生理学研究表明，人的大脑至少有 90% 的潜能

未被运用，而每个孩子都有多种潜能有待发展，且各自拥有不同的优势潜能领域。学习潜能的发展存在关键期或发展最佳期，如果抓住这个最佳时机进行卓有成效的教育和教学，就能使学习潜能得到理想的发展。即便是身体有残缺的人，也能在教育中获得新生，显露出天生的潜质。学习，正是让孩子认识自己的智慧潜能，将孩子的智慧潜能转化为各项实践智能。然而我们的教育，对孩子的评价标准往往定得过高，是以 90 分来评价、衡量孩子，不是 60 分的合格线。由此，教育中呈现出的不是孩子的潜能与进步，而是孩子的问题与缺点，制造出了无数个“失败者”。从孩子的实际情况出发，让每个孩子都能看到他每天取得的点滴进步，才是教育应该具有的情怀。

无限相信每个孩子都有学会的时刻。正因为每个孩子具有不同的优势潜能，所以在不同的学科领域，每个孩子的表现就不尽相同。对于有些孩子来说，某些学科的学习显得比较困难，但是只要有足够的时间来学习，就能弥补天资潜能的不足，最终可以掌握学习。我们要给孩子足够的时间，让孩子慢慢长大；一定要坚信每个孩子都有学会的可能；一定要有足够的耐心，静等花开的声音。

教育应该努力让每个孩子都能成为最好的自己。这样的儿童发展观不仅是我们的教育理念，更要成为我们的教育信念。唯有成为教育信念，才具有教育的力量。

二、基于“言语交际功能”的语文课程观

课程结构决定人的素质结构，在课程结构相对确定的情况下，决定儿童素质高低的是课程内容及教学效果，而“教什么”比“怎么教”显得更为重要。语文课程不同于其他课程的是其课程内容、教材内容、教学内容没有完整的科学体系，而是散落在教材课文中，需要教师在教学过程中加以研制才能得以呈现。研制语文课程内容本身就是教师教学智慧的体现。智慧的语文课程内容应该基于儿童的言语交际活动，从儿童的言语交际需要出发，选择适合儿童的语文课程内容。

皮特·科德在《应用语言学导论》中阐述了言语交际的六种功能：

（1）如果言语活动目标所指向的是说话者，那就是言语的个人功能，即表示说话者的态度、情感和个性；

（2）如果言语活动指向听话者，那就是言语的指示功能，也就是说言语的目的是支配听话者的行动和行动方式；

（3）如果言语活动的目的是为了建立交际双方的良好接触，以促进双方的联系、情谊或社会团结，这就是言语的酬应功能；

（4）以话题为中心的言语活动，通常被称为指称功能，这种功能大都由话语的命题意义来完成。这种功能在大多数人的心目中占有突出的地位；

（5）言语的界说功能，指的是交际双方要遵守同一的语言规则，以保证交际的顺利进行；

（6）言语的想象功能，指的是交际双方为了给对方带来交际的乐趣而有意使用某些语言技巧。

让学生学习语言的功能，进而有效地使用语言、产生言语智慧，这就是语文课程的价值所在。语文课程不是要教学生应该说什么，而是教学生应该怎么说。这样的语文课程内容才具有语文学科的专业性。在语文课程的建设上，应体现：

课程内容的生活化。最好的语文课程内容就是在学生的日常生活中呈现出来的“活的语言”。儿童在具体的语境中才能感受到言语者的意图，进而体察到言语的交际功能差别，增强语言的敏感力。语文课程内容应该具有开放性，要善于将儿童在生活中喜闻乐见的“语言现象”纳入语文课程，成为鲜活的学习内容。

课程内容的结构化。一次完整的言语活动可以体现言语的多种功能，一个完整的文本隐藏着多种言语的交际功能，文本中人物的言语交际活动、作者通过文本书面语言展开的言语交际等，都从不同的视角和侧面体现着言语的交际功能。而每一种言语活动为了实现既定的言语意图（交际功能），都有特定的言语形式（言语结构）。语文学习就是要从众多纷杂的语言现象中发现并提炼出具有交际功能的言语结构，通过对言语结构的学习和掌握，改善大脑的言语认知结构，从而使零散的语文知识（程序性知识）学习结构化、序列化。国外的语文教材已经具有了以程序性知识导引言语技能训练和指导言语实践活动的明确的编辑意识，这将改变语文课程内容零碎而无序的状态。

课程内容的问题化。言语智能生长于特定语境中的言语实践活动，因此，语文课程内容应具有情境性，促使学生从具体的语境中学得言语结构（程序性知识），习得言语能力，并能在新的问题化语境中加以运用，实现言语的交际功能，获得成功的言语体验。语文课程内容设计从语境出发，创设问题语境，这样就能促进儿童言语智能的生长。儿童的言语智能绝不是在纸上做习题做出来的，而是在生活化的问题情境中磨砺和锤炼出来的。

三、基于“大脑功能科学”的课堂教学观

对我们来说，儿童的学习过程和智慧生长至今仍是一个秘密，破解这个秘密就能找到教学的钥匙。因此，在充分了解和认识脑的认知功能、情感功能和自我意识等高级功能的前提下，建立“基于脑、适于脑、促进脑的教育”，做到科学的教与学，是奠定教学的科学基础。我们对脑的理解越充分，就越能设计出更好的课堂教学活动，以促进脑的最优化学习。认识大脑，解放大脑，才能解放儿童的学习智慧。由此，我们的课堂教学才会具有由内而外的“魅力”，成为智慧教学。

1. 情感力

《神经元的庆典》的作者罗伯特·希尔维斯特在经过研究后断言：“情感推动注意，注意推动学习。”成功的课堂教学犹如“可卡因”，可以让儿童“成瘾”。一个有效的课堂教学环境应该自然地提高学生脑内的内啡肽、多巴胺、去甲肾上腺素或5-羟色胺的水平，让学生的学习经历更加愉快，更有价值。宽松的课堂氛围、积极的情感体验具有推动力，可以打开儿童智力活动的闸门，促使儿童主动地学习，迸发学习的智慧。

2. **思维力**

脑科学研究表明，学习就是学习者建立神经网络的过程，用联系产生意义。让所获取的信息转化成有意义的知识，进而在问题情境中转化为智慧，最有效的途径之一是“将新概念与已知概念进行联系或比较，将不熟悉的信息与熟悉的信息挂靠起来”。而产生联系平台的是人的“工作记忆”。工作记忆让我们用已有的信息来整合当前的感觉信息，使我们可以有意识、有效地操作信息（思考、谈论和背诵），从而保证将其存储在长时记忆中。工作记忆就像是一个公司的 CEO，它明白谁该做什么并能保证所有的事情都有人去做。可见，工作记忆的容量大小及保持时间，是决定我们思考效能的关键因素。研究表明，大脑的工作记忆阈限是 7±2 个信息单位，且只能保持 15—18 秒。研究也表明，工作记忆的信息单位如果是一组有意义的信息，即一个组块，其记忆的容量就无形之中扩大了，且能增加工作记忆的时间长度。虽然我们不能增加储存的组块数量，但我们可以通过重组或者重新编码，增加每个组块所能存储的信息数量，从而有效提高我们的思维质量。学习的本质就是发现并把握信息之间的内在关联，进而将信息形成新的信息组块，这也是人们在信息社会学会处理信息、利用信息的必备能力。当我们教他人一些东西的时候，困难之一是我们已经看到了联系而学习者还没有看到。而“告诉”是不起作用的，唯有让学生自己去建立这种联系。教学的目的是引导和促进学生的大脑形成神经联结，而改善工作记忆的容量和保持时间，是提高思维品质和学习质量的生理密码。

3. **实践力**

学习可以分为三个层次：具体经验的学习、表征或者符号学习以及抽象学习。无论哪一个层次的学习，都建立在学习个体的实践基础之上。“听过的忘记了，看过的记住了，做过的理解了。”儿童是在实践中、在游戏般的活动中学习和生长的。他们动脑、动口、动手乃至做全身的运动，都会获得一种经验，并与大脑神经网络形成联结。如动作技能的形成是儿童通过反复操作形成稳定的神经联结，存储在大脑皮层，成为自动化的神经网络的过程。

因此，课堂教学应该充分调动儿童多方面的感官，让儿童产生身体与大脑的联动，进而发现儿童在某些方面的学习优势潜能，顺势而教，则可以促进儿童的最优化发展。

情感推动、思维发动、实践促动的智慧教学，着力于促进儿童智慧潜能的充分而自由的发展，是教学的理想和追求。

第二章　组块教学的实践模式

一、组块教学的基本概念

什么是组块？在认知心理学中，有意识地将许多零散的信息单元整合成一个有更大意义的信息单位，并贮存在大脑中的心理活动被称为“组块”，而贮存在大脑中的信息单位被称为“相似块”，也称为“图式”。人们在学习实践活动中积累了丰富的信息单位、知识单元（相似块），这些“相似块”分为不同的类别，如语言相似块、情感相似块、形象相似块等，而“组块”则是认知过程中的一种组织策略和整合行为，具有重组、整合的功能，它可以提高记忆的容量和效率。人们对外界的认识常常要依赖“相似块”的存在和“组块”的心理活动。

语文学习过程是个体心理“相似块”重组、整合的运动过程，语文学习过程中感知、理解、体悟、积累、运用的每一个阶段，都离不开“组块”的积极活动。个体在学习语文的过程中，首先通过感官接触语言材料，或看、或听，将语言信息（伴随着情感、思想、形象）通过神经的传递，到达大脑的相应区域，与先前贮存在记忆中的“相似块”发生联系，从而激活“相似块”，形成感知或感觉，进而个体调动这些“相似块”，与所获得的语言信息通过不断的相似运动、相似匹配、相似重组，达到融会贯通、心领神会，最终形成或重构出新的“相似块”，实现理解、感悟。这些经整合而创造出的“相似块”，不但在后续的学习情境中发挥摄取、重组作用，而且在相似的语言情境中，能外化为个体的语言信息（语言、思想、形象、情感），从而实现个体的主动表达、运用。这就是“组块”在语文学习中的心理学原理。

改善人脑中“组块”的容量与数量，将提升智力活动的质量，促进生命智慧潜能的生长。发展儿童的智慧潜能是智慧解放教育的价值追求，发展儿童的言语智能是语文学科的独当之任。语文教学应该重视“双基”，但知识不等于智慧，能力也不等于智慧。语文教学必须超越知识和能力，走向智慧。

语文教学要紧紧围绕“发展儿童的言语智能”这个核心任务，凭借教材文本，引领学生围绕语文核心知识或生活情境，选择、重组语文学习内容，整合、设计语文实践活动，变革语文教学方式，促进学生言语智能的充分发展和语文素养的整体提升。语文教学要把教学重心从课文的思想内容转移到学生语文能力的发展上，通过课文内容学习其中的语文知识（程序性知识），进而通过相应的语文实践，形成并发展儿童的语文能力；把目光聚焦在语言文字上，“带着儿童学语文（学知识长能力）”，真正摆脱“跟着课文内容跑”的怪圈。这样的语文教学，就具有语文学科的专业特点，儿童就能学到生活中学不到的东西，体现语文教学鲜明的成长性。

小学语文组块教学基于组块原理，将零散的教学内容整合、设计成有序的实践板块，引导儿童通过选择性学习和自主性建构，获得言语智能的充分发展和语文素养的整体提升，并建构具有组块特色的语文课程，实现语文教学的科学化。如图 1－1 所示：

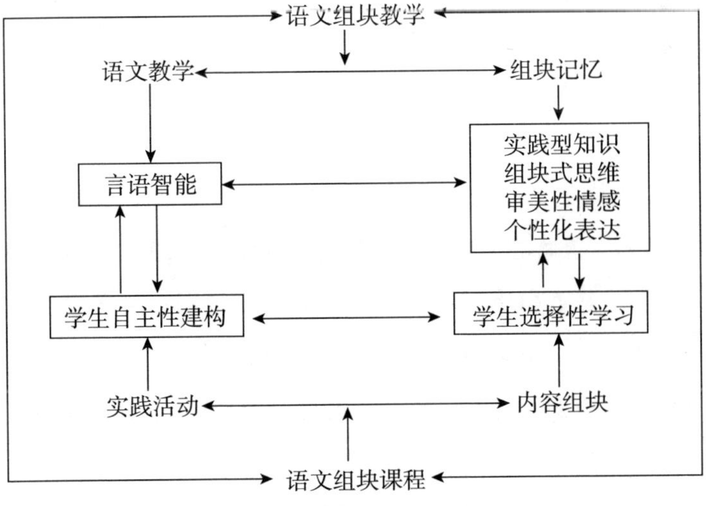

图 1－1

组块教学在内容上基于教材，植根于生活，将鲜活的生活素材融入课文、引进课堂，及时充实、调整、重组教学内容，具有开放性；在结构上突破线性思路，采取板块式的教学结构，凸显教学重点，拓宽教学时空，更具灵活性；在功效上实现一个板块活动达成多个教学目标，减少无效劳动，具有增值性。

二、组块教学的基本模式

组块教学从教学内容、语文活动、课堂结构、课型分类、教学评价五个方面进行实践。

1. 重组教学内容

组块教学打破一本教材的局限，引领学生将语文学习与社会生活融合起来，从生活中选择适合的学习内容，形成“动态、即时、开放”的教学内容板块。

（1）以语文核心知识为“内核”的内容板块。核心知识是语文学习中最基本、最常用、最具统摄性的知识，包括陈述性知识、程序性知识等。教师要从教材文本中发现这些隐藏着的核心知识，进而围绕某一个核心知识点，从文本中选择合适的学习材料，针对“教—学—练”的不同功能，组成教学内容板块，以实现“举一反三”的教学效果。

（2）以学生语文能力为“内核”的内容板块。基于小学语文课程（能力）标准，依据布鲁姆能力目标分类学，确定学生年段能力发展目标群，并以此为“内核”，从教材中选择适合学生某项能力训练的语文学习项目，整合成教学内容板块，实现“举三反一”的教学效果。

（3）以语文问题解决为“内核”的内容板块。紧密联系学生的生活实际，提取学生面临的各类语文生活问题，并以问题解决为“内核”，选择相应的语文解决策略，设计成适合学生实践运用的内容板块，以形成“生本化”的语文教学内容。

例如，在阅读教学中，我们以现有语文教材为蓝本，唱好“三部曲”，组编适合学生学习的教学内容之“块”。

一是“减”：大多数课文内容学生自己能够读懂，因此，语文教学要充分相信学生的学习能力，摒弃那种事无巨细、从头讲到尾的做法，运用减法思维，将每篇课文中值得教又值得学的“精华”筛选出来，作为教学内容的“内核”。这个内核可以是一个词、一句话、一个语段，也可以是一个技能点、一个情感点等。

二是“联”：根据所要着力教学的“内核”，将社会生活中与之相联并适合学生学习的内容选编进来，从而在教学中以相同的内容丰富“内核”、以相似的内容区分“内核”、以相反的内容凸显“内核”，以此拓宽学生的学习领域，开阔视野。

三是“整合”：围绕“内核”，将选编的相关内容有机组合，理清序列，形成一个具有聚合功能的教学“块”。如学习白居易的《微雨夜行》，围绕“但觉衣裳湿，无点亦无声”这句描写微雨的名句，我们选编了南宋诗僧志南的名句“沾衣欲湿杏花雨，吹面不寒杨柳风”，选编了朱自清先生《春》中的名段“雨是最寻常的，一下就是三两天。可别恼。看，像牛毛，像花针，像细丝，密密地斜织着，人家屋顶上全笼着一层薄烟”，又选编了《雨》中一段描写阵雨的文字，整合成以“雨”为核心的教学块，在学好原诗的基础上，引导学生在对比朗读的过程中领悟蒙蒙春雨与绵绵秋雨的不同、白话文与古诗句有别、微雨与暴雨迥异，学生内心的情感体验也就变得更为丰富和细腻。打开了生活的大门，学生学习语文的视野就更开阔了，智慧的生成也就有了源头活水。

2. 整合实践活动

根据小学生每个年龄阶段的主导活动，变革学生的学习方式，科学、合理地安排听、说、读、写的各项语文实践活动，并将零散的活动项目整合成综合的活动板块，构建三个层次的语文实践活动板块。

（1）读写一体化活动板块序列。以现有教材为依托，在课堂教学中形成一个以读写为主的一体化训练序列，有效地提高学生的读写能力。

（2）探究性学习活动板块序列。以某个语文核心知识为核心，设计一个探究性的语文学习活动板块，激发学生的主动性、积极性、创造性，将语文知识的学习过程转化为探索、建构的过程，促进学生多方面的发展。

（3）综合实践活动板块序列。以社会生活为源泉，选择学生面临的生活问题，引导学生设计解决问题的活动过程，并以学生个体喜欢、擅长的活动方式开展语文综合实践活动，最大限度地沟通各学科教学内容，密切学科之间的联系，达到综合化的训练效益。

在阅读教学中，我们以经过重组的教学内容为核心，每个教学“块”均确立以发展学生语文运用能力为主的目标群。然后根据小学生每个年龄阶段的主导活动，科学、合理地安排听、说、读、写等各项语文实践活动，确定训练层次，制定训练步骤，如朗读、体悟、想象、比较、概括、复述等，并整合成一个生动活泼的综合的语文实践活动，使学生在各层次的训练中得到全面的训练和整体的发展。

教学《螳螂捕蝉》一课时，可以围绕四组词语，设计一个综合的语言实践活动。第一步，听写四组词语，要求学生听完一组词语之后再默写，不能听一个默一个：①蝉、悠闲、自由自在，②螳螂、拱着身子、举起前爪，③黄雀、伸长脖子、正要啄食，④侍奉吴王的少年、拿着弹弓、瞄准。第二步，出示四组词语，让学生自读自批。第三步，联系四组词语，教师示范讲述“螳螂捕蝉，黄雀在后”的故事，要求学生边听边记。第四步，学生练习复述故事，要求用上这四组词语。第五步，指名复述故事，组织学生评议。

这个综合的语言实践活动，将多项语言训练目标融合成了一个整体，实现了多项教学目标：①听写四组词语的活动，不仅巩固了学生所积累的生字、词语，而且培养了学生短时记忆（一组词语）的能力。②运用四组词语听记、复述故事的活动，让学生掌握了抓重点词语听记、复述故事的方法，而且锻炼了学生听记、复述的能力，同时促进了学生对所记词语的及时运用，让学生将书本上的词语转化为自己的词语，丰富了学生的语言表达方式，一举多得。③通过自批、自改、自评，极大地调动了学生的积极性，培养了学生自主学习的好习惯。这样的综合性语言活动看似平实，学生却经历了扎扎实实的“听说读写，字词句篇”的综合训练，既发展了语言，又培养了能力、习惯。

3. **优化教学结构**

组块教学以学定教，删繁就简，确立了“读、悟、习”的课堂教学基本结构。其灵魂是联，读、悟、习的语文学习过程是学生个体与教材语言、情感、形象、思想相互联系、相互融合，达到共振，进入新的学习境界的过程。因此，组块教学着力培养学生构建联系的能力和自觉联系的意识，以促进学生学会学习。

（1）读，主要指诵读。诵读教学坚持六个字：“读读”，让学生充分自由地朗读课文，读懂意思，读出形象，读出情感，读出韵味；“评评”，引导学生就课文中的某些语句、段落进行评价，发表自己的看法，提高其评判能力，学习初步的鉴赏技巧；“背背”，让学生选择喜爱的段落背一背、记一记。

（2）悟，即体验、感悟。汉语言“意合”的特点决定了汉语的学习不应依赖分析，而应重积累和感悟。“悟”是一种省去烦琐的逻辑推理过程，在经验范围内作出综合性、直接性、快速性结论的体悟式思维。事实证明，这种体悟式的思维方式在把握那些只可意会不可言传的对象时，具有独特的功能。因此，组块教学以综合的语文实践活动替代单纯的理解分析，紧密联系学生的生活实际，充分调动学生已有的经验和头脑中贮存的相关信息组块，引导学生联系课文情境体味、联系生活经历体验、联系时代背景体会，引导学生把思想内容与语言表达联系起来、把听说读写联系起来、把学习语文与生活实践联系起来，在广泛的联系中达到融会贯通。

教学柳宗元的《江雪》时，教师向学生提了这么一个问题：“这么寒冷的下雪天，这位老人真的是为了钓鱼吗?”一石击起千层浪。是啊，不是为钓鱼又是为什么呢？教师没有搬出教参中现成的答案，而是用期待的目光望着学生。有的说：“老人是在独自欣赏雪景。”万里江山，粉妆玉砌，渔翁之意不在鱼，在乎雪景之美也！有的说：“老人内心十分孤独、寂寞，诗每一行的第一个字连起来就是‘千万孤独’。”多妙的发现啊！有的说：“我觉得老人在磨炼自己的意志，因为天寒正可以锻炼人。”有的说：“这位老人与众不同，看起来很清高。”诗人那种不愿同流合污的心迹不正隐含其中吗？最后有一位学生说："他是在钓一个春天！"一语双关！是啊，冬天来了，春天还会远吗？诗人在遭受重重打击之下仍然孜孜以求，不正是等待"春天"的到来吗？学生的诠释独具慧眼，精彩至极。以体验、感悟为灵魂的组块教学，打开了学生思维和想象的空间，闪现出个性化的理解，迸发出智慧的火花。这样的语文课，充满了活力和魅力。

（3）习，即习得、运用。语文教学效率低下，费时费力，从根本上讲，就是因为违背了语言学习的规律，重学轻习，做了太多的课文分析，做了太多的单项练习，缺少与生活的联系，缺少真正的语言实践，即缺少母语习得。因此，组块教学充分发挥母语教育的环境优势，积极创设丰富的语言实践时机，促进学生知识与能力、情意之间的转化、整合。习的基本途径有：

读中迁移。即在阅读教学中，围绕某个话题，结合学生的生活实际和个体经验，创设综合性的说写活动，促使学生借鉴、迁移教材语言及表达方式，不断提高言语能力。如组织讨论、辩论、即兴描写、角色表演、创造性复述等。

综合性学习。打破课堂界限、学科界限、课内外界限，充分利用学校和社区的教育资源，引导学生在丰富多彩的现实生活中学习语文、运用语文。开展切合学生实际的综合性语文学习活动。如组织学生编辑班报、课本剧表演，进行社会调查、参观访问，开展专题性阅读等。

反思性学习。引导学生在语文实践活动之后，自己总结学习收获，寻找存在的问题，坚持写"学后笔记"。这样既提高了学生自我反思、自我监控的能力，又促使学生将所学的知识、技能及时加以梳理、整合。

4. 构建基本课型

组块教学的基本课型有：

（1）诵读感悟型。对于精美、典范的课文或段落，宜引导学生进行有层次的诵读训练。学生从中领悟言外之意，体悟言中之情，感悟言语规律，既积累了语言材料，又培养了语感。

（2）情境运用型。根据课文内容和学生实际情况，创设语言交际运用情境，引导学生进行对话、交流，让学生在实践中学习语文、运用语文、掌握语文。

（3）研读探究型。启发学生就课文的重点语段进行深入探究、质疑问难，引导学生研究新问题、发现新知识、产生新思想，培养探究精神和创新意识。

（4）主题活动型。围绕一个教学主题开展综合的语言实践活动，如以春天为主题的古典诗词赏析、以母爱为主题的小说阅读等，让学生在综合活动中得到知识、情意、能力的和谐整体发展。

5. 改善教学评价

组块教学试图通过教学评价，营造一种平等、民主、和谐的课堂教学氛围，以利于学生主动、自由、充满信心和乐趣地进行学习实践活动。在教学过程中，教师要着意培养学生的创新精神，把“三个鼓励”融入课堂：①鼓励学生提问，并引导学生善于提问，培养其好奇心和探究精神；②鼓励学生发表不同的见解。学生个性化的理解，是最具灵性的。教师要珍惜学生的独立见解，珍视学生的智慧萌芽，让课堂充满笑声、充满成功、充满丰富多彩的精神生活；③鼓励学生有自己的选择。允许学生选择自己喜欢的段落进行诵读，肯定学生选择适合自己的学习方式进行学习，提倡学生自己选择作业形式等。

许多教师总是依据学生在课堂上的种种表现来评判学生的学习、评判教师的教学、评判课堂的效益，但恰恰忽视了学生作为学习主体的真实感受。实际上，学生才最有发言权。为此，我们设计了组块教学每课“六问”，对学生的“六问”，既客观地反映了课堂教学的真实情况，又促使学生对自己的课堂表现进行反思。这“六问”是：①懂了吗？②会了吗？③喜欢否？（即是否喜欢这样上课？）④发言否？（即是否主动地发表自己的见解？）⑤完成否？（即是否有足够的时间当堂完成规定的练习？）⑥进步否？（即是否有收获、有长进？）

三、组块教学的基本特点

组块教学实践使我们欣喜地看到了语文课堂重新焕发出生命的活力，学生学得更主动、更自由、更有乐趣、更有成效，使我们感到了提高语文教师素质的紧迫性，让我们认识到具有丰厚文学底蕴的语文教师是语文课堂具有人文魅力的决定因素。当然，组块教学仅仅是一种教学方法，一种尚在探索中的教学方法，不能解决语文教学中的所有问题。但我们可以通过组块教学实践，获得对语文教学更深层次的理解和注释。

1. 回归“个性解读”

汉语特别具有灵性，一个词、一句话都蕴含丰富的内涵，能够精确地表达出细致的差别和复杂的思想。若用得巧妙，能够言近旨远，甚至言此意彼，是一种模糊的准确，极富诗意。因此，学习汉语文应在模糊中求准确，不应依赖分析，更不能强求一个理解，得到一个标准的答案，而应该是一种个性的感悟和解读。

组块教学在综合的语文实践活动中，注重个性化的解读和感悟，紧密联系学生的学习和生活实际，充分调动学生的已有经验和头脑中贮存的相关信息组块，作为感悟课文内容的前提准备和敲击“妙悟”火花的“打火石”，真正让学生进入课文情境。如此，每一个学生都能发出属于自己的心声，每一个学生都能产生自己的思想。小学生由于受到年龄、知识积累、人生经历与生活经验的制约，他们对许多课文内容的理解常常是表面的、大而化之的，带有个人经验色彩和想象，但这些理解却往往是充满灵性的，闪耀着创造光芒和智慧火花。答案不是唯一的，语文教学才是精彩的。

2. 锻造“语言合金”

形象是理解、运用语言的重要背景，情感是理解运用语言的动力，语言是语文学习的主要归宿。形象、情感、语言本身是三位一体，对于学生语文能力的提高、语感素养的形成、人文精神的养成都具有很大的影响。而零散、烦琐的语言训练往往将语言与形象、情感割裂开来，削弱了语言的感染力，淡化了语文的韵味，使语文学习变得索然寡味。组块教学就是将这种零散的、单项的语言训练整合成综合的语文实践活动，通过以读为主的主动积极的语文实践活动，将丰富的语言与鲜明的形象、真挚的情感锻造成“合金”，在学生心中积淀下来。这种“语言合金”具有很强的活性和聚合功能，犹如一个语言磁场，能摄取新的语言信息，融合新的语言材料，改造学生自身的语言。久而久之，便会融化到学生的生活、情感中去，成为语文能力的基础，成为文化底蕴的养料，成为人格形成的萌芽。语文，也便与学生个体生命运动融为一体，提高他的生活质量，提升他的生命意义。语文教学涵泳、浸润的功能，文化传承的功能，促进人终身发展的功能就得以充分地发挥。

3. 实现“生命对话”

语言不只是交流与思维的工具，更是人的存在空间、生存条件与存在方式。语文活动是人的生命运动，语文学习是一种生命与生命的精神对话。就阅读来说，是学习者与文本作者心灵的对话。一个真正进入“读书境界”的人，实际上是在与作者进行精神的自由交流和心灵的对话与撞击，使自己内在的生命本质获得升华。作文，是学习者与他人（或自己）所作的精神交流，是将自己的思想、认识通过语言来与他人（或自己）进行对话。凡作文，都有明确的对象，如果失去这样一个对话的对象，那便失去了作文的意义。

语文组块教学为了实现这种生命的对话，确定了以运用为主线，开展综合的语文实践活动，为学生个体的阅读和作文（对话）营造一个良性的言语环境，提供条件，让学生主动地与作者、与他人进行精神对话。我们在教学中常常围绕某个话题，组织学生在独立学习的基础上，小组学习，全班交流，甚至辩论，并引导学生及时地将这种对话记录下来。如此，就实现了学生与作者、与编者、与教师、与同学之间的多重对话，既丰富了对话的内容，又提高了学生对话的质量，促进了学生多方面的发展。实现生命与生命的精神对话，必然会催生出鲜活的思想、撞击出智慧的火花。

基于上述对语文教学的理解，小学语文组块教学在实践中形成了“便教利学”、“学以致用”、“用能有效”的基本特点，并使之成为常态化的教学样式：

（1）教学内容日渐清晰。组块教学变革备课方式，摒弃线性的环节设计，采用板块式设计。在教学内容的研制过程中，深入研读教材文本，提出了用三种眼光看教材的思想：从儿童的眼光来解读、用教学的眼光来审视、用生活的眼光来选择，并根据教材文本语言的三个层次（一是适合儿童现时交流的伙伴语言、二是适合儿童发展的目标语言、三是适合文学作品的精粹语言），发现文本中适合学生学习的语言要素，重组并整合成相应的语言学习内容板块，每个板块集中一个核心目标，设计多项教学活动，提高教学目标的达成度，从而提高教学效益。板块式备课使教学目标、教学内容与实际开展的教学活动实现了一致性。

（2）教学方法行之有效。基于组块原理的教学方法“倡简”，课堂教学结构简约：目标简明，内容简约，环节简化，方法简便，媒介简单，用语简要。内容选择坚持“三个不教”：学生已懂的不需教，学生能自己学懂的不必教，教了学生也不懂的暂不教。阅读教学中提出了“组块识记、语境还原、陌生文本”等策略，作文教学中提出了“命题激活、贴近现场、虚实相生”等策略，实现了“简简单单教语文，扎扎实实促发展”。

（3）教学过程轻松扎实。在板块化的语文学习活动中，学生有了足够的时间和空间，学得更充分、更自主，实现了“一课一得”、“得得相连”，言语智慧得以充分发展。组块教学还致力于学生对学习内容的自主选择与自主建构，培养学生的独立性和学习力，让学生获得终身受益的语文学习智慧。

第三章　组块教学的操作环节

组块教学从“教学内容的重组、教学目标的确定、教学活动的设计和阅读方式的选择”四个方面入手，不断改进语文教学。

一、重组教学内容

语文教师费时最多的工作是备课，而备课最让人感到困惑的主要是选择与确定教学内容，即教什么与学什么的问题。教师备课所凭借的依据无非是语文课程标准、教科书以及相关的教学参考书，这其中都隐含着教学内容，但都不等同于教学内容，需要我们深入地研究与判别，甄选出适合学生的语文教学内容。

1. 解读课程标准中的重要概念

语文课程标准中的总目标、阶段目标，蕴含着对课程与教学内容的指引性价值。比如，“能用普通话正确、流利、有感情地朗读课文”，二、三、四学段都提出了同样的目标，那么，达到这个目标到底要“教什么”，不同的学段在教学内容上存在着多种选择的可能。

与其他学科的课程标准不同的是，语文课程标准中的目标属于“能力目标”，或者叫“素养目标”，描述的是学生的学习行为结果状态。这与历史、地理等课程的“内容目标”有很大的差异。“内容目标”一般较为具体、直接地规定着课程与教学内容，而“能力目标”则没有明确学生要习得这样的语文能力，语文教师需要教哪些与能力习得有关的知识、方法、策略等，这是一个值得研究的问题。

就拿“能用普通话正确、流利、有感情地朗读课文”这个目标来说，我们究竟教些什么才能促使学生逐步达到这个目标？在思考这个问题之前，我们必须先要正确解读这个目标中的相关概念，诸如“朗读”、“正确地朗读”、“流利地朗读”、“有感情地朗读”等，都要有正确而清晰的认识。如果连这些基本概念都区分不清，就会造成教学内容的偏差，甚至错误。其次，我们须运用课程标准中的阶段目标，一条一条地比照具体的课文，从中发现、探究能促成目标达成的教学内容。如“流利地朗读”，就是要做到停顿自然恰当、语气连贯畅通，要达到这样的目标，各学段分别要侧重教些什么？学生要学些什么？练习些什么？我们在教学中要带着这些问题，不断地寻找适合教的内容。对于同样的课程目标，教师选择的教学内容应该尽可能一致，而具体的教学过程和训练方式，可以是千姿百态的。

2. 发现教材的教学价值

我们知道，每一篇课文都有它两个方面的价值。

其一，是课文本身的阅读价值。课文中蕴含着丰富的思想感情、人生哲理、态度价值、人文信息，让每一个读者都能从中获得教益与启迪，这就是课文本身的价值，这种价值需要读者阅读才能实现。不同的读者，从同一篇课文中获得的精神营养是不尽相同的，正所谓“一千个读者眼中就有一千个哈姆雷特”，正确的多元解读才能使课文的阅读价值得以“增值”。从这个意义上说，语文教材中的课文蕴藏着学生精神成长的养分。

正确理解课文的思想内容、真切体验课文的情感态度，是语文教学内容的应有之义，是构成语文教学内容的要素之一，但不是全部和唯一。从课文的阅读价值出发，我们自然就能确定相应的教学内容，即那些值得学生理解和感受的语言文字。实际上，我们的阅读教学内容主要集中在这一个方面。

然而，阅读教学现状并不乐观，有时我们对文本思想内容的解读存在着不同程度的偏差，有的甚至是误读。比如《狐假虎威》，有的学生读出狐狸是聪明的，应该向它学习。教师居然大加赞赏，以为这是“阅读创造”和多元解读。学生误解文本的本义是正常的，学习就是一个不断犯错的过程，学生也是在这一过程中获得成长的。而教师加以肯定和赞同就不正常了，因为这种解读偏离了文本的核心价值观，给学生做了错误的价值判断。符合学生发展需要的，特别是对学生终身发展有用的内容，才是合适的、恰当的！

其二，是课文蕴含的教学价值。当一篇文章被选作语文教材中的课文，就自然而然产生了语文教学价值，这种教学价值体现在对与学生听、说、读、写语文能力发展相关的语文知识的呈现中，表现为语识和语感两种状态。

越是重要的教学价值，越隐藏在课文（文本）的深处，也就越难发现。我们还是采用笨办法，那就是自己朗读、独立思辨，在朗读中发现感到陌生的语言材料，有“陌生感”的地方往往隐藏着富有教学价值的教学内容。比如《爱如茉莉》一文，当我读到“初升的阳光从窗外悄悄地探了进来，轻轻柔柔地笼罩着他们。一切显得那么静谧美好，一切都浸润在生命的芬芳与光泽里”时，那个“探”字就在我眼前跳跃，既熟悉又陌生，这正是“借物抒情”、“一切景语皆情语”啊！于是，教学内容就凸显出来了。遗憾的是，我们语文教师往往把备课的时间和工夫花在琢磨课件、选用方法上了，而对文本中蕴含的语文教学价值缺少时间反复研究、琢磨。于是，就难以发现文本中真正有教学价值的语言材料，教学就难免肤浅与空洞。

这样一种备课方式，实际上仍然是教师在凭借自己个人的语文知识和经验来发现、整合教学内容，所重组的教学内容是否正确、是否切合学生的语文学习需要，还需要做学理的考察、验证。而考察、验证的方法之一就是比照语文课程标准，看这些提炼出的教学内容是否切合课程目标，是否有利于实现课程目标。从这个意义上说，教师重组的教学内容，应该体现文本最核心的教学价值，是文本教学功能的最优化，所研制并最终确定的教学内容，也应该是尽可能一致的、精当的，而不是五花八门的、杂乱无章的。这就逐步将教学内容的重构纳入科学的轨道，回归语文学科的本真。

二、精简教学目标

教师若缺乏明确的目标意识，所组织的教学活动则难以达到教学的预期效果。如果说正确的教学内容决定了“教什么、学什么”，那么明确的教学目标则规定了“教到什么程度、学到什么水平”。仅仅知道教学内容，而不清楚教学目标，往往会事倍功半，甚至徒劳无功。

《小露珠》一课，要求学生阅读两个例句："小露珠爬呀，滚呀，越来越大，越来越亮。""太阳公公散发的热量越来越大，小露珠的身子越来越轻了。"并用"越来越……"造句。对于这个"用词造句"的教学目标，到底要教到什么程度、学生要学到什么水平，并不是每个语文教师都能做到心中有数的。简单地让学生运用"越来越……"说一句话，仅仅满足于"外面的雨越来越大了"这样简单的句子，就不能有效地促进学生言语能力的发展，必须进行有层次、有坡度的训练。如：请一位学生站起来读一段话，让其他学生听他每次读有什么不同。学生就会发现这位同学一次比一次读得好，一次比一次更流利、更有感情、声音更响亮、更自信……这时候，再让学生运用"越来越……"说话，学生就能用"越来越……"描述这些变化："这位同学的朗读越来越流利，越来越有感情，越来越有自信了。"……内容丰富了，语言也就丰富了。"越来越……"就不再是书上的词汇与句式了，而变成学生自己表达生活的工具了。这才是真正的训练，才是真正的发展。而流于肤浅，或者流于"走过"的教学，永远只是在低水平上的简单重复。

明确而恰当的教学目标应该建立在对"课程目标、教材价值、学生实际"的研究与把握基础上，而了解学生实际情况对定位教学目标具有重要意义。教学目标应该基于学生已有的水平，设置学生可能达到的发展水平，其间的"距离"便是学生发展的空间，切合学生的"最近发展区"。教学目标过高，则造成教学中的"越位"，强人所难；教学目标过低，则造成教学中的"滞后"。所以，我们主张"学生已经会的，不需教；学生能自己学会的，不必教；教了学生也不会的，不能教"。一切教学目标的定位，最终都要以学生的实际水平与发展需要为衡量标准。

要准确地定位教学目标，还应该做到"集中"。课堂教学的时间是一个常数，因此教学目标的相对集中就显得至关重要。如果一堂课的教学目标贪多求全，样样都要实现，其结果只能是蜻蜓点水，样样都没有达成。

如一位教师教学《忆江南》《渔歌子》两首词，制定了 2 个知识目标、2 个能力目标、3 个情意目标。且不论这 7 个教学目标在表述上是否科学恰当，仅在短短的两节课 80 分钟内，是否能够达成？将这样两篇课文作为一个整体来教学是否合适？这样进行教学究竟要达到怎样的教学目标？一篇课文的教学目标是需要我们根据具体的教材与学生的学习需要进行整合、提炼而加以明确的。简单套用“三维”目标，必然使教学目标模糊，失去语文学科的特性。

教学目标集中一些，教学过程就可以充分一些，学生学得就可以相对深入一些。核心的教学目标完成了，那么其他的附属目标会在实现这个核心目标的过程中自然而然地实现。俗话说得好：“伤其十指，不如断其一指。”打仗要打歼灭仗，语文教学也应该如此。我们倡导的“一课一得”，就是强调每一堂语文课都应该有明确而集中的教学目标，力争让每一个学生都能有所得、有所获、有所长进。近来教育理论界倡导的所谓“有效”，我想大概就是在一段时间的教学之后，学生有可以感受到的进步或发展。如果教学目标分散，学生无法确定自己究竟有没有长进，无法确定自己长进多少，那么，教学就失去了激励性，也失去了“有效”性。所以，在确定教学目标的时候，我们必须要明确而集中，并要用足够的教学时间、设计足够的教学活动来实现既定的教学目标。

三、整合教学活动

语文教学旨在培养学生以听、说、读、写能力为核心的语文素养，而听、说、读、写能力必然是在相应的听、说、读、写实践活动中逐步形成的。什么样的教学活动才能有效促进学生听、说、读、写能力的发展呢？

1. 教学活动要对应目标

教学目标的达成需要相应的教学活动来落实，教师设计的教学活动应该始终围绕教学目标，每一项教学活动都应该对应相应的教学目标。以《小露珠》一课（苏教版第五册）为例，围绕“在教师的指导下用普通话正确、流利地朗读课文”这个教学目标，我们可以设计这样一系列的朗读训练活动：

（1）读熟短语。课文中出现了大量的短语，因有多个修饰语，学生一时难以正确停顿、流利朗读，唯有进行专门的层级训练，学生才能逐步掌握短语的基本结构和停顿、粘连、重音的朗读技巧，做到正确、流利地朗读短语。

（2）读通课文。组织学生自由地、大声地练习朗读课文，并选择自己最难读好的段落当众朗读。朗读教学就是要在学生感觉最困难的段落上进行有针对性的指导，或示范、或指正、或反复训练……总之，就是要实实在在地帮助学生克服朗读中的困难，提高朗读水平。这样的训练才是真正的训练。而只让学生读自己喜欢的段落，或者读自己满意的段落，学生就很难得到真正需要的教学指导。

（3）情境演读。教师扮演小露珠，学生扮演小动物及花草树木。教师随机走到学生中间，向学生问早、问好，学生依据自己的角色礼貌地回复、问好。这个演读的训练，将课文中的对话训练转化为生活化的情境会话，使课文语言转化为学生自己的生活化的语言，进一步提升了学生的朗读能力。

如此三项朗读教学活动，分别安排在教学的不同阶段，并且都对应着朗读教学的目标。教学活动扎实有效，朗读教学目标的实现自然水到渠成。如果只让学生自己去读，教师没有切实的指导与有目的的训练，学生的朗读能力就难以长进。

2. 教学活动要力求整合

我们设计的阅读教学过程基本上是线性的，以便使各环节更加清晰有条理，但是活动项目多为单一性的，缺乏教学的灵活性与自由度。我们不妨试着将各种单一性的教学活动加以整合，形成一个个教学活动板块。一堂阅读课可以设计三四个教学板块，每个教学板块都围绕核心目标，融合多项教学活动。这样每个教学板块都有充足的教学活动时间，可以实现多项教学目标，促进学生多方面的发展。

如《我和祖父的园子》（苏教版第十册）一文，我们可以设计四个教学板块：①词语归类听写，②读悟园子景物，③体悟童年生活，④仿写“借物抒情”。其中每一个板块都是综合了多项教学活动，如第一板块的“词语归类听写”，要求学生听写三组词语，看似简单的听写活动，其实暗含了多项教学目标：①培养学生倾听的意识。听写时，教师每组词语只念一遍，要求学生听清楚、记住、再默写。由于每组词语有4—5个，学生若不专心地倾听，就会“前听后忘”。②训练学生短时记忆的能力。学生要在短时间内记住4—5个词语，需要方法与诀窍。有的学生运用“纲要信息法”，只记每个词语的第一个字；有的学生发现这几个词语之间的联系，运用归类记忆法。如此，学生的短时记忆容量就会逐步扩大，记忆方法也会日趋科学，记忆能力就会得到提高。③帮助学生归类巩固词语。这三组词语，勾勒出了课文的整体结构：先写园子里的昆虫，再写园子里的童年生活，最后写园子里的作物。这为学生进入下面的学习板块作了铺垫。饶有情趣的听写训练活动，使学生一举多得，教学自然卓有成效了。

3. 教学活动要有一定向度

教学活动应在三个方面体现不同的向度价值：

（1）有效思维的“长度”。有效的阅读教学必定具有理智的挑战，没有思维含量的阅读教学难免肤浅而乏味。对于词句的理解、思想的辨析、写法的领会等，都需要学生积极的思维活动。不管是学生独立思考，还是群体交流、碰撞，都会让学生产生自己的见解、自己的思想。而思维的果实，才是学生最大的学习乐趣和动力。问题不在于数量多少，而在于是否有思维的质量与思考的空间，有挑战的问题才具有吸引力。可以说，有思维质量的教学活动才真正具有教学的力量。而那些一问学生就知道答案的问题实质上是虚假问题，不具有教学意义；那些仅仅指向课文思想内容而不指向课文言语智慧的问题，实质上也缺乏思维的“含金量”。

（2）情感体验的深度。任何教学活动唯有真正触及学生的精神世界和心灵深处，才具有情感的力量。我们应该避免那种贴标签式的阅读活动，总以为学生能用词语表达自己的喜怒哀乐，就得到了情感体验。事实上，情感体验是学生在静思默想中酝酿的，是学生在全身心投入的朗读中生发的，是学生在与课文内在的情感产生共鸣时形成的。因此，教学活动宜让学生有足够的时间直面课文，潜心会文，教师不宜“第三者插足”，而只能做个“红娘”，在学生情感体会不到的地方“穿针引线”、“牵线搭桥”。

（3）语言训练的宽度。教学活动的外在形式主要就是学生的听、说、读、写活动，而活动的凭借就是语言，是言语实践活动。既然是教学，必然有教师的指导与训练，这有别于生活中自然状态下的言语交际活动。在课堂教学活动中，我们设计的言语训练活动必须能够促进学生发展，而不是在已有水平上的简单重复。

有的教师在学生理解、感悟课文思想内容之后，往往让学生将自己此时的感想用文字写下来，以为这是进行写的训练。其实，这样的活动仅仅是让学生写作业而已，对于提高学生的写作水平，基本上没有什么促进作用。有效的写是需要有要求与指导的，如教学《我和祖父的园子》后，鼓励学生将课文中描写作物自由自在的段落背诵下来，并模仿这种特殊的表达方式“……愿意……就……，想……就……”，写一写“我”在园子里自由自在的童年生活。让学生在仿写中进一步加深对“自由、快乐、幸福”的体会，这样的写作活动才是有宽度的，才能进一步丰富学生的表达方式，促进学生言语智慧的发展。

不管是什么样的教学活动，都应该给学生足够的活动时间，让每个学生都能充分地实践，不要为了赶进度而造成“夹生饭”；不管是什么样的教学活动，都应该让尽可能多的学生参与实践，不要让少数优秀学生的活动掩盖了全体学生的活动现状。

四、改进阅读方式

阅读方式是读者在阅读过程中采取的阅读姿态、阅读样式。针对不同的阅读目的和阅读内容，读者会采取不同的方式，如休闲式阅读、赏析式阅读、批判性阅读、了解性阅读等。无论选择哪一种阅读方式都需要相应的阅读方法与阅读能力。我们应该选择怎样的阅读方式并培养学生相应的阅读能力呢?

1. 回归自然状态

不管是何种阅读方式，都应与生活中的常态阅读方式相一致，回归常态下的阅读，才是我们阅读教学的原点。指导学生学习何种阅读方式与方法，主要取决于文本样式和阅读目标。这里就针对不同的文本样式应采取的两种基本的阅读方式做一点阐述。

一是鉴赏式阅读。语文教材中编入了相当数量的经典作品，如古诗词、历代名家名篇等。阅读这些经典的作品，应该指导学生了解和欣赏作品的丰富内涵，包括深邃的思想、精妙的构思、精美的语言等，让学生从中获得文学与文化的滋养。教学经典作品，我们宜参照文化、文学等专门研究者对该作品的权威解释，而不仅仅是教师对作品作出的个性化理解。这种阅读方式，不仅需要学生的深入品味，更需要教师的精辟讲解。从这个角度来说，教师的讲解是不可或缺的，教师讲解的深度与广度，直接影响学生对经典作品的阅读鉴赏程度。实际上，读名家的讲解，也是另一种阅读，是从他人的阅读经验中学习阅读。当然，鉴赏不等同于欣赏，有鉴别，才有欣赏与质疑，不加鉴别的盲目崇拜经典不利于提升学生的阅读品质。

二是解读式阅读。这是人们在正常状态下的阅读方式。教学时，应引导学生凭借自己的生活积累与阅读经验，对作品作出属于自己的理解，包括对作品思想情感的体会，及对作品思想内容、表达形式等方面的质疑甚至批判。最简便的方法是，让学生在阅读作品的过程中，根据教学定向目标，做圈点批注、补充修饰、阐发幽思……学生带着批判的眼光审视作品，便会读得更为理性与深刻。或许，我们的阅读教学正缺少这样的解读式阅读。

2. 落实具体方法

每一种阅读方式都应该有具体的阅读方法作为支撑，每一个具体的阅读方法又是在具体的阅读内容中体现出来的，抽象的阅读方法不具有实际意义。巴班斯基曾经说过，是教学目的和教学内容选择方法，而不是其相反。亦如王荣生所说：“怎么读的问题，就是在具体的文本中去读什么地方，在这些地方读出些什么的问题。”我们在阅读教学中往往教给学生一些抽象的阅读方法，如教学生阅读古诗时遵循“读诗文、解诗题、知诗人、明诗意、悟诗情”五步阅读法，但是学生在阅读具体的一首古诗时依然是原来的水平。因为这样的阅读方法缺乏具体的内容，所以，学生无法落实这样的方法，即不知道应该在什么地方读什么，要读出点什么。比如“悟诗情”，应在哪些诗句、字词上去悟？要悟出些什么情？不加以具体的指导，学生仍然是“拿着蜡烛在黑胡同里摸索”。

那么究竟什么样的“读法”才是具体实在的“读法”呢？金圣叹点评《水浒传》或许能给我们诸多启示，他在开篇处写道：“今人不会看书，往往将书容易混账过去。于古人书所得意处，不得意处，转笔处，难转笔处，乘水生波处，翻空出奇处，不得不补处，不得不省处，顺添在后处，倒插在前处，无数方法，无数筋节，悉付之于茫然不知，而仅仅粗记前后事迹，是否成败，以助酒前茶后，雄谈快笑之旗鼓。”这些什么什么处，就是需要在此处读出些什么来。面对一篇具体的课文，究竟要在哪些地方认真去读，要从中读到些什么，这是需要教师做精心的阅读指导的，如果一味地让学生自己阅读、发现，难免陷入空泛的泥潭。

3. 形成自觉习惯

阅读教学最终是要让学生形成自觉的阅读习惯，让其能在生活中经常阅读，获得生命的成长。因此，在学生获得初步的阅读方式、方法、能力的基础上，要鼓励学生经常阅读，以形成良好的自觉的阅读习惯。正如叶圣陶论述的那样：“国文教学自有它独当其任的任，那就是阅读与写作的训练。”所谓训练，“第一，必须讲究方法。怎样阅读才可以明白通晓，摄其精华；怎样写作才可以清楚畅达，表其情意，都得让学生心知其故。第二，必须使种种方法成为学生终身以行的习惯。因为阅读与写作都是习惯方面的事，仅仅心知其故，而习惯没有养成，还不济事。国文教学的成功与否，就看这两点”。学生只有养成了良好的阅读习惯，阅读教学才算真正达到了有效的目标。

第四章　组块教学的清简风格

一、关于清简的三个隐喻

倘若要用形象的方式诠释“清简”的内涵，不妨用三个隐喻：

一是浅近中的深刻，如“禅”。佛家善用浅近而优美的故事传递深刻的人生哲理，显得空灵、富有智慧。夏丏尊先生曾与弘一大师同住白马湖畔，见他只吃一道咸菜，便问：“难道你不觉得咸菜太咸了?”答曰：“咸有咸的味道。”后见他只喝白开水，又问：“难道你没茶叶？不觉得太淡了吗?”答曰：“淡有淡的味道。”明白如开水的清简之语，透露出安贫乐道的人生境界。

二是简约中的丰富，如“画”。中国水墨画素来崇尚简约之美，《寒江独钓图》中一叶扁舟漂浮水面，一个渔翁独自垂钓，几笔微波外皆为空白，有力地衬托出江面空旷寥廓、寒意萧条的气氛，给人留下意蕴无限的想象空间。齐白石寥寥数笔，就把活灵活现又意趣盎然的虾呈现在人们的面前。简单的线条与墨色，却蕴含了无比丰厚的韵味，正如郑板桥诗云：“四十年来画竹枝，日间挥写夜间思。冗繁削尽留清瘦，画到生时是熟时。”清简其实就是一种生活的姿态，由简入繁易，而由繁入简难。

三是清淡中的诗意，如“茶”。茶生于天地之间，本性清淡幽雅，有一杯在手，平淡的日子便弥漫着闲适与诗意。常言道“心素如简，人淡如菊”，心灵犹如竹简一般，平和淳朴；处世如同菊花似的，淡泊名利。这便是中国的“茶道”，也是中国人清简生活的诗意写照。

清简源于生活，与语文又有着天然的联系。杜牧《阿房宫赋》开篇气势磅礴：“六王毕，四海一，蜀山兀，阿房出。”将六国败亡，秦皇一统，残民以逞，骄奢淫逸以寥寥十二字概括，表现出令人惊叹的史诗式简约之美。古文以最简单的文法表达极丰富之内涵，犹如围棋以最简单的规则包含千变万化之策略。以少胜多，以简驭繁，此乃根植于东方哲理之美学精义。可见，清简是一种大美，是拂去繁华与浮躁之后的纯净与雅致。学会了简化文字、简化生活，就自然懂得舍与得之间的平衡，就在不知不觉中掌握了一种大智慧，就得到了美的另一种平易近人的姿态。

二、语文教学的两个转变

教育中的“清简”理念建立在对教育、对儿童、对语文的认识上。事实上，教育也是一种生活。因此，一个人崇尚什么样的生活，就会秉承什么样的教育思想与教学主张。对于我来说，清简的生活、清简的语文教育，着实是内心向往的自由境界。周国平先生曾说过，在五光十色的现代世界中，让我们记住一个古老的真理：活得简单才能活得自由。同样，在“乱花渐欲迷人眼”的语文教育世界中，“清简”犹如出污泥而不染的青荷，散发着自然清新的芳香，引领着教育回归属于自己的家园。

语文教学理应回归“清简”。语文是什么？语言文字、语言文章、语言文学、语言文化……众说纷纭，莫衷一是。在不同的历史阶段，人们常常提出不同的口号：“不要把语文课上成政治课”、“不要把语文课上成文学课”。20 世纪 60 年代，针对这两种倾向，又提出了“语文课是一门工具课”，强调要抓“双基”训练，结果语法、修辞等知识充斥语文课堂，语文课沦为单调、机械的技术训练课。于是，又提出“语文教学要实现工具性与人文性的统一”，似乎这样就可以避免走向极端。然细细推敲，“工具性”与“思想性”相互对立统一，“人文性”与“科学性”相互对立统一。“工具性”与“人文性”是两条铁轨上跑的火车，没有矛盾对立，又何来统一可言？语文教育似乎陷入了“逻辑迷魂阵”，让人摸不着方向。

小学语文新课程标准的 10 条总目标中，诸如“培养爱国情感，形成正确的人生观、价值观，提升文化品位，传承民族文化，发展思维能力，养成科学态度……”这些核心词汇让语文背负了不能承受之重，“加法思维”使语文教学成了一个筐，什么都可以往里装。如此繁重的任务转嫁到了学生身上，于是，“减负”成了一句时髦的口号，但干打雷不下雨，负担不见轻，反而越来越重。学生几乎没有了休闲的时间与空间。其实，负担重的不仅仅是学生，还有语文教师。面对日益行政化的教育教学管理，教师逐渐丧失了教学评价权，几乎所有的语文考试试卷都是由上级教研部门命题，教师不知道考什么。于是，为了“应试”，教师只能将课文中所有可能会考到的知识点逐一排查，条分缕析，逐一过关。课堂教学中塞满了零碎的知识点，一堂课教了很多东西，但学生学完了理不清究竟学了些什么。教得越多忘得越多，忘得越多必然教得更多，恶性循环便这样形成了。

语文需要“清简”，“清简”了的语文，才能让学生体会学习的闲适，才能让学生获得一种心灵的自由与思想的放飞。

“清简”的语文教学需要实现两个转变：

1. 从“教课文”到“教语文”——语文教学的华丽转身

长期以来，我们总以为“教语文”就是“教课文”，课文写了什么，我们就教什么。于是，课文是《新型玻璃》，我们便让学生研究新型玻璃的种类和功能，上成了科学课；课文是《谈礼貌》，我们便让学生讨论讲礼貌的重要性，上成了思品课；课文是《去年的树》，我们便让学生议论从树木到火柴的演变，上成了环保课……这样的语文课“种了别人的田，荒了自家的地”。语文教学内容囿于课文的思想内容，未能从课文中发现具有核心教学价值的语文内容。语文教学应着眼于语言的表达形式，着力于培养学生的语文能力。

以《猴子种果树》为例，课文写了几个内容相似的段落：乌鸦劝猴子改种杏树，喜鹊劝猴子改种桃树，杜鹃劝猴子改种樱桃树。我们要透过课文的故事情节和主题思想，看到隐藏在文本中的教学内容。细细推敲，我们可以发现每个段落在语言表达上都隐藏着相同的结构：鸟儿怎么劝，猴子怎么想、怎么做。而细细推敲，鸟儿劝告的话语，又隐藏着这样的语言结构：第一句“猴哥，猴哥，你怎么种（梨树）呢?”这是“劝阻”，连叫两次“猴哥”是着急的表现，“你怎么种（梨树）呢?”反问句又增强了劝阻的力量；第二句“有句农谚，‘梨五杏四’”，这是“说理”，运用农谚来告知道理；第三句

“梨树要等五年才能结果，你有这个耐心吗?”这是“再劝”，反问句再次加强了劝阻的力量。如此，教学这个语段，可以设计如下教学活动：

板块一：听故事，知“结构”。让学生认真倾听老师讲故事的第一个段落，听后让学生说出“谁来劝？怎么劝？猴子怎么想？怎么做?”从而让学生掌握语段的基本内容和基本结构。在此基础上，指导学生练习朗读语段中的叙述语和对话语，区分两者之间在朗读语气、语调上的差异，将对话语读得有声有色。

板块二：讲故事，用“结构”。让学生根据这样的表达结构，置换“鸟名、叫声、树名、农谚”，练习讲述后两个故事。由于结构相同，语句相似，讲述起来自然简单容易。学生讲述的过程就是运用“结构”的过程，这样的“结构”就逐渐内化为学生的“语言结构”。而语言结构的改变就会带来学生阅读能力及表达能力的改变。

板块三：续故事，化“结构”。仅仅让学生模仿运用结构还不够，在生活化的语境中活用结构，才能真正促进学生言语智能的生长。在讲述故事之后，教师可以扮演“猴妈妈”的角色，让学生都扮演“小猴子”，师生合作，续演故事。例如，“猴妈妈”可以这样问“小猴子”：“孩子啊，你辛苦了这么多年，怎么一棵果树都没有种成啊?”“这些鸟儿朋友劝你的话，到底有没有道理呢?”“既然都有道理，那你为什么还是一无所获呢?”“如果你以后再种果树，会怎么做呢?”……在这样的情境对话中，学生自然而然地能够创造性地运用文本中的语言及结构，发展了语言能力。同时，这样的追问也能够引发学生深层次的思考，让其懂得“鸟儿讲的都有道理，但如果你缺乏主见，就会一事无成”。而不是简单地归结为“猴子没耐心”这样表面化的理解上。

可见，这样的语文教学，走出了跟着课文“教课文”的怪圈，真正把教学的重心转移到了语言文字的学习上来，培养的是学生听、说、读、写的语文能力，实现了语文教学的华丽转身。

2. 从“教语文”到“育智能”——语文教学的本真回归

语文教学仅仅停留在对学生语文能力的培养上是远远不够的，因为学生具备了语文能力，也未必就能在生活中“化能为智”，获得言语智慧，从而更好地生活。

以大家耳熟能详的《狼和小羊》为例，似乎人人都懂，教师似乎除了教学生练习角色朗读，教学生说说狼是怎样一头狼、羊是怎样一头羊之外没有什么可以教的。其实，这篇课文有一个极具教学价值的内容隐藏在人物对话中，那就是“争辩”。狼想吃小羊，小羊就与之“争辩”：

“亲爱的狼先生，我怎么会把您喝的水弄脏呢？您在上游，我在下游，水是不会倒流的呀！”

“啊，这是不可能的，去年我还没出生呢！”

我在教学中设计了有关“争辩”的教学板块：比较阅读小羊两次争辩的话，发现小羊是如何争辩的？学生就会发现小羊争辩时“欲辩解，先有礼；先否定，后说理”。而后教师追问：一般来说，“理直”才会“气壮”，你比较一下狼和小羊争辩的话，看看谁气壮？谁气短？学生通过朗读，不难发现有理的小羊一开始也想“气壮”的，所以否定时用了反问句；然而在“无理”又“气壮”的狼面前，丝毫没有效果，第二次争辩时就“气短”了，改用了陈述句；第三次，连争辩的“气”都没有了，居然被吃掉了。于是，就产生了一个疑问：“理直”为何不能“气壮”？

一般说来，“有理走遍天下，无理寸步难行”，但文中争辩双方的最终结果如何？学生一眼就看出，无理的狼吃掉了有理的羊。于是，又产生了一个疑问：为何有理者被无理者吃掉了呢？

两个与生活真理相悖的疑问，促使学生思考得更为深入。学生最终懂得了：羊遇到的是一头狼，所以不能与之争辩，唯一的办法是赶快逃；如果遇到的是一头牛，那么就可以争辩。所以，争辩要看对象，分清谁可以争辩，谁不必争辩。学到此处，学生自然便获得了一种言语智慧，一种如何运用争辩的生存智慧。这种智慧是在对文本重点内容的阅读理解中获得的。

可以说，每篇课文都隐藏着作者的言语意图，这种言语意图是借助特定的语言表达方式与语言结构表达出来的。每一种特定的语言表达方式或语言结构，都具有独特的语言交际功能。语文教师唯有在深入研读教材的过程中，敏锐而准确地把握这样的方式与结构，看到内容背后的结构，才能研制出具有语文学科特征的教学内容，才能真正担负起语文学科的“独当之任”，即“为发展学生的言语智能而教”。

从“教课文”到“教语文”，是语文教学的华丽转身；而从“教语文”到“育智能”，则是语文教学的本真回归。

三、教学风格的清简之美

在20多年的教学实践中，我逐渐形成了具有自身特色的教学风格：清简之美，具体体现为“清简、厚实、睿智”。

1. 清简

清简是一种洗净铅华后的简约，清是质，简是形。组块教学从文本的核心教学价值出发，发掘并选取适合学生学习的教学内容；根据内容之间的内在联系，整合成适宜的教学内容板块；将教学内容板块设计成切合学生实际的学习活动板块，力求一项活动实现多方面的教学目标，完成多个教学内容。

教学目标简明。“伤其十指，不如断其一指。”一堂课彻底解决一两个学生切实需要解决的问题，真正给学生留下点东西，比浮光掠影、蜻蜓点水、隔靴搔痒的教学要有效得多。

教学内容简约。课堂教学的时间是个常数，是有限的，学生的学习精力也是有限的。因此，选择学习的内容，特别是选择让学生终身受用的“核心知识”，就显得尤为重要。这就需要教师对教材、对教学内容进行深入的研读，发现那些真正为学生所需要的、对学生终身有用的“核心知识”，以充分发挥教材的语文教学价值，这是语文教师义不容辞的职责。课堂上，教师也不需要把什么内容都讲透了，留下点悬念和空间，就是给学生自由发展。

教学环节简化。语文学习本身是一件简单又快活的事情，学习的过程应该是科学的，是顺畅的，是符合学生的学习需要和学习规律的。我们没有必要设计那么多的学习环节，没有必要设置那么多的障碍（问题）和陷阱让学生去钻，没有必要搞得这么复杂、这么玄、这么深奥。比如问：你是怎么体会到的？殊不知，体会的过程本身是“只可意会不可言传”的。学生却因这种追根究底而感到恐惧，渐渐丧失了自己本应具有的探究精神。“勤老师培养了懒学生”，这样的现象值得我们重视和深思。

教学方法简便。简单意味着可以学习，是学生经过努力可以达到的。简便的方法、简捷的思路是为学生所喜欢、所乐意接受的。好方法是真正能为人所用的有效的方法。

教学媒介简单。语文教学可以省略不必要的教学手段和教学技术，舍弃“浪费与作秀”。现代教学技术（多媒体技术）使用过度，也会扼杀学生语文学习过程中独特的体验和丰富的想象力。

教学用语简要。课堂中除却了一切不必要的繁文缛节，省去了不必要的言说，就如同秋天的天空一样明净，会让人有一种心旷神怡的感觉。简单的课堂，其独特的神韵就在于此！

2. 厚实

语文组块教学给学生留下形象、留下情感、留下语言。形象是理解运用语言的心理基础，情感是理解运用语言的内在动力，语言是语文教学的根本目的。组块教学将丰富的语言与鲜明的形象、真挚的情感锻造成“合金”，在学生心中积淀下来。这种“语言合金”具有很强的活性和聚合功能，犹如一个语言磁场，能摄取新的语言信息，融合新的语言材料，改造学生自身的语言。久而久之，便会融化到学生的生活、情感中去，成为其语文能力的基础，文化底蕴的养料。

在板块化的语文学习活动中，学生有了足够的时间和空间，学得更充分、更自主，实现了“一课一得”、“得得相连”，言语智慧得以充分发展。组块教学还致力于培养学生对学习内容的自主选择与自主建构，提高其独立性和学习能力，获得终身有益的语文学习智慧。

3. 睿智

语文教学最终留给学生的将是言语智能，即在生活现场中表现出的言语应对能力和机智。组块教学创设的师生之间、生本之间的多重对话，锤炼的正是这种言语智能。言语能力和言语智慧是在言语现场中生长出来的，而教师的教学语言，也是学生学习、模仿的范式。规范而不失灵动、洗练而不缺幽默、平实而不少睿智的教学语言，既能让学生得到恰到好处的点拨、评价，又能让学生获得如沐春风般的愉悦、激励，使语文教学平添了无限的乐趣，变得轻松、愉快。幽默、睿智的教学需要教师丰厚的学养和敏锐的洞察力，更需要教师对学生深厚的情感。

中篇　组块教学策略

语文教学的方法与策略不胜枚举，我们不要奢望用一种或几种策略就能解决全部问题，也不要奢望穷尽所有的方法与策略，因为任何方法与策略都是伴随新的教学问题而产生的。不管使用哪一条策略，我们都要切合孩子的学习心理，让孩子自如地用自己擅长的学习方式去听、说、读、写，而不是要孩子“邯郸学步”，患上“失语症”。让孩子成为孩子，这应是语文教学策略中的“策略”！

第一章　基于课标的内容研制策略

长期以来，语文教学未能解决如何处理语文课程内容与教材内容关系的问题，尚未形成科学的、可表述的语文学科内容结构。教学中内容繁杂，语文教师分不清学科界限、年段界限、主次界限，日常教学中缺乏鲜活的、适切的教学内容。由此必然造成语文教学的低效，甚至是无效、负效，也必然会削弱语文教学的专业性。深入研读语文课程标准，正确解读语文教材，重组、整合散落在文本中的语文知识，研制适合学生的教学内容，是破解语文教学“高耗低效”顽症的必经之路，也是提升语文教师专业化程度的快速通道。

与其他学科课程标准不同的是，语文课程标准中的目标，属于“能力目标”，或者叫“素养目标”，描述的是学生的学习行为结果状态。这与历史、地理等课程的“内容目标”有很大的差异，“内容目标”一般较为具体、直接地涵盖着课程与教学内容，可操作性强。而“能力目标”则没有明确学生要习得这样的语文能力，语文教师需要教哪些与能力习得有关的知识、方法、策略、态度等。因此，深入研读语文课程标准，解析每一项语文能力形成的过程阶段及相关的知识背景，并结合教材文本，重组、整合适宜的教学内容，是语文教学迈向科学化的重要一步。

一、解析能力的知识背景

《义务教育语文课程标准（2011 年版）》中的能力目标表述得比较笼统和抽象。例如，小学三个学段中都提出了朗读目标：第一学段“学习用普通话正确、流利、有感情地朗读课文”，第二学段“用普通话正确、流利、有感情地朗读课文”，第三学段“能用普通话正确、流利、有感情地朗读课文”。“学习用”、“用”、“能用”是学生朗读能力发展过程中的三个水平阶段，而每个阶段需要传授哪些朗读知识？训练哪些朗读技能、技巧？其中“有感情地朗读”中的感情色彩有哪几类？态度分寸该如何把握？一篇文章的感情基调如何确定？喜怒哀乐的感情如何通过语气、语调和节奏的变化体现出来？……这些都需要我们作出细致的专业解析。而最为核心的问题是，朗读能力的形成与发展需要哪些朗读学知识，尤其是关于方法和策略的程序性知识？合宜的能力要有适当的知识来建构，特定的能力需要特定的知识作为背景。

参照布鲁姆教育目标分类学原理，就一项具体的语文能力目标而言，可以从两个维度来解析：一是形成能力所必需的核心知识，包括事实性知识、概念性知识、程序性知识和反省认知知识。这一维度规限了应该“教什么”。二是能力形成过程中的认知水平，可以细分为记忆、理解、运用、分析、评价、创造等不同的水平层级。这一维度规限了“教到什么程度”。就“用普通话正确、流利、有感情地朗读课文”这一朗读能力而言，我们可以吸取朗读学的最新研究成果，大致勾勒出一个朗读教学的知识内容与能力水平的结构框架：

朗读知识与能力水平分类表

知识内容	能力水平					
	记忆	理解	运用	分析	评价	创造
朗读规律 （词语感受律、引向感情律等）						
具体感受 （形象感受、逻辑感受）						
态度感情 （态度分寸、感情色彩、基调）						
朗读技巧 （停连、重音、语气、节奏）						
文体朗读 （散文、诗歌、小说等）						

而知识维度中的每一个项目又都涉及更为具体的朗读知识，如“节奏”，

就包括节奏的概念，节奏与速度的关系，节奏的类型，节奏的转换方法，节奏与基调，停连、重音、语气、节奏之间的关系等这些相关知识，其中节奏的概念、节奏的类型等属于概念性知识，而节奏的转换方法、节奏与基调等属于程序性知识。细致地解析出这些知识的内涵和类别，有助于教学内容的具体化和科学化；准确地区分出这些知识的掌握程度（能力水平），有助于教学目标的定位及教学活动的设计。

根据这个朗读知识与能力水平的框架，我们可以清晰地看到朗读教学的基本教学内容结构——教什么与教到什么程度，避免了朗读教学内容的虚无与空洞。因此，“有感情地朗读课文”，首先需要学生运用具体的方法（形象感受法、逻辑感受法等）真切地感受文本中蕴含着的态度和感情，并区分出该文本中具体语句、语段的感情色彩类别（挚爱和憎恨类、悲哀和喜悦类、惊惧和欲求类、焦急和冷漠类、愤怒和疑惑类），进而根据不同的感情色彩选择相应的朗读技巧加以表达。如表达爱的感情一般是“气徐声柔”的，表达憎的感情一般是“气足声硬”的。“气徐声柔”的语气色彩造成温和感，口腔宽松，气息深长；“气足声硬”的语气色彩造成挤压感，口腔紧窄，气息猛塞。这样，朗读教学过程中就有了具体可感的内容，学生缺乏哪一方面的知识和训练，教师就能有的放矢。如果我们不对朗读能力做深入细致的解析，就只能在低水平状态徘徊。

当然，朗读教学并非如框架呈现的那样简单，其中还有许多无法用知识来表述的实践经验。语文能力的形成并非都是先有知识，后有能力，而往往是先有能力，后有知识。但明确了能力背后的知识背景，将促使学生能力发展从自然走向自觉，并进入一种自我建构和自我发展的新阶段。

二、把握文本的教学价值

根据课程标准的某项能力目标编制的“知识与能力水平分类表”将知识结构化了，将能力水平定向化了，从教学内容的角度看，它规定了应该“教什么”。那么，教材中具体的一篇文章则提供了一种可能性，隐含着“有什么”可以教。如果把“知识与能力水平分类表”当成一张“网”，那么，我们就可以用这张“网”到具体的文本中去捕捉富有教学价值的知识点，从而发现切合文本的教学内容。《月亮和云彩》是苏教版一年级下册的课文，就“学习用普通话正确、流利、有感情地朗读课文”这一朗读能力目标而言，课文中有哪些值得教又值得学的朗读知识内容呢？我们不妨借用这张“网”来解读一下文本，可以发现：

（1）生字、生词。正确与熟练认读这些生字词是实现正确朗读课文的基础，而“月亮、云彩、小朋友”这三个生词的最后一个字要念轻声，这是一个关于轻声的“词语感受律”知识。

（2）含有介词结构语句的停连位置处理。“在院子里、在云彩里、在一棵大树下、从树杈间”这四个表示处所的介词结构短语，在句中朗读时需连贯，不能在中间作停顿，否则易读破句。如，“他们看见/月亮/在云彩里/穿行，一会儿/明，一会儿/暗。”“（李小文）他/叫大家/站在一棵大树下，从树杈间/看月亮。”这是关于停连位置处理的朗读技巧性知识，需要学生理解及运用。

（3）呼应性重音的位置处理。文中有这样一段话：张大勇说：“月亮在云彩里跑得真快！”李小文说：“跑得快的是云彩，不是月亮。”张大勇的话强调月亮跑得快，所以重音落在“真快”，而李小文的话是针对张大勇的话说的，是纠正丁大勇的说法，所以重音应该落在“云彩”，次重音落在“是……不是”这一关联词上。这是关于对话过程中呼应性重音的位置变化处理，是一项朗读技巧性知识。

上述三点朗读知识正是隐藏在文本深处的教学内容，借助这张朗读能力的目标分类结构“网”，才能让这些具有教学价值的朗读知识内容浮出水面，进入教学的视野。当然，从文本中还可以发现其他关于朗读的知识，比如叙事性文章的朗读基调、提示语与人物语言之间的停顿处理等，都是可以作为朗读教学的内容的。但是，这些知识内容还需要经过选择，我主张三个不教：学生已会的不需教，学生能自己学会的不必教，教了学生也不会的暂不教。关于朗读基调等内容，教了学生也不一定懂、不一定会。因为一年级的学生对文本中的感情色彩、态度分寸等尚未能真切地感受，因此待以后再教。

三、建构适宜的内容板块

其实，一篇文章除了朗读，还有词句理解、复述大意、概括主要内容、体会思想感情等多方面的语文能力发展目标，因而需要教师从中发现相应的知识内容。如此一来，一篇文章所要教的内容或许很多、很杂，而教学的时间却很有限。因此，组块教学将相关的教学内容加以重组、整合，形成教学内容板块，实现一个内容板块包含多个教学内容。如从文本中提炼出的“词串”，就具有内容板块的特点。苏教版六年级《莫泊桑拜师》一文词语丰富，可以选编成三组有内在联系的词组：

孜孜不倦　焦急万分　直截了当

一无所获　万般无奈　滔滔不绝

全神贯注　用心揣摩　________

每组的前两个词语描述的是莫泊桑学习写作时的情形，后一个词语描述福楼拜如何教导莫泊桑。对这三组词语的学习，既包括了词语的认读、理解，也隐含着文本的叙述线索，学生凭借这些词语便可以复述作品大意。最后空缺的词语，是需要学生阅读有关福楼拜第三次教导莫泊桑的文字后进行概括，可以填写：循循善诱、谆谆教诲等，是学生深度理解文本内涵后的语言表达训练。这样的词语学习板块，聚合了多方面的教学内容，精要而适切。

在教学实践中，我们可以打破一本教材的局限，引领学生将语文学习与社会生活融合起来，从生活中选择适合的学习内容，形成动态、即时、开放的教学内容板块。

（1）以语文核心知识为“内核”的内容板块。核心知识是语文学习中最基本、最常用、最具摄取性的知识，包括陈述性知识、程序性知识等。教师要从教材文本中发现这些隐藏着的核心知识，进而围绕某一个核心知识点，从文本中选择合适的学习材料，针对“教—学—练”的不同功能，组成教学内容板块，以实现“举一反三”的教学效果。

（2）以学生语文能力为“内核”的内容板块。基于小学语文课程（能力）标准，依据布鲁姆能力目标分类学，确定学生年段能力发展目标群，并以此为“内核”，从教材中选择适合学生某项能力训练的语文学习项目，整合成教学内容板块，实现“举三反一”的教学效果。

（3）以语文问题解决为“内核”的内容板块。紧密联系学生的生活实际，提取学生面临的各类语文生活问题，并以问题解决为“内核”，选择相应的语文解决策略，设计成适合学生实践运用的内容板块，以形成“生本化”的语文教学内容。

具体的操作策略是唱好“三部曲”：一是“减”，运用减法思维，将每篇课文中值得教又值得学的“精华”筛选出来，作为教学内容的“内核”。这个内核可以是一个词、一句话、一个语段，也可以是一个技能点、一个情感点等。二是“联”，根据“内核”，将社会生活中与之相联并适合学生学习的内容选编进来，以相同的内容丰富“内核”，以相似的内容区分“内核”，以相反的内容凸显“内核”。以此拓宽学生的学习领域，开阔视野。三是“整合”，围绕“内核”，将选编的相关内容有机组合，理清序列，形成一个具有聚合功能的教学“板块”。

当然，适宜的语文教学内容板块还须经得起学理的推敲，要科学、适切、精要、可表述。基于语文课程标准，又不拘泥于语文课程标准，能从生活实践中、从相关学科的前沿性研究中，汲取鲜活的语文知识，吐故纳新，重建语文课程及教学内容，是我们语文教师的专业使命。

第二章　基于组块的阅读教学策略

在认知心理学中，有意识地将许多零散的信息单元整合成一个有更大意义的信息单位，并贮存在大脑中的心理活动被称为“组块”，而贮存在大脑中的信息单位被称为“相似块”，也称为“图式”。人们在学习实践活动中积累了丰富的信息单位、知识单元（相似块），这些“相似块”分为不同的类别，如语言相似块、情感相似块、形象相似块等，而“组块”则是认知过程中的一种组织策略和整合行为，是一种学习方式，具有重组、整合的功能，它可以提高记忆的容量和效率。人们对外界的认识常常要依赖“相似块”的存在和“组块”的心理活动。人们大脑中的相似块不是静止的，它一方面和感觉器官输入的信息相互联系、相互作用，另一方面又和其他相似块相互作用、相互联系，形成新的相似块。著名哲学家培根说：“类似联想支配发明。”科学家贝弗里奇说：“独创常常在于发现两个或两个以上研究对象或设想之间的联系或相似之点。”随着人们对客观事物认识能力的不断提高，“相似块”不断地互相组合、深化，思维内容也不断丰富。

李海林先生把人类的实践活动划分为工具实践、精神实践和符号实践，中小学的课程也就相应地被划分为工具实践课，主要是所谓的理科课程，着力于培养学生的工具智慧；精神实践课，主要是所谓的人文课程，着力于培养学生的情意智慧；符号实践课，主要就是语文课，主要培养学生的言语智慧。于是，我们可以发现，语文教育，就其哲学实质来说，就是以言语为对象的人性智慧教育，简单地说，语文教育就是言语智慧教育。其心理学原理是，个体言语组块在言语实践中不断丰富、重组、生成，获得一种言语的心智技能，即言语智慧。从这个角度来说，改进阅读教学策略，促进学生言语智慧的生成与发展，就有了比较清晰的学理依据，逐步让语文阅读教学从模糊走向清晰，实现可以把握、可以借鉴、可以模仿的教学样式。多年来，我基于组块及组块教学研究，探索出了比较有效且清晰的阅读教学策略，供广大读者参考批评。

一、板块识记

“厚积薄发”是语文学习的基本规律，俄国心理学家谢切洛夫明确指出：“一切心智的根源在于记忆，记忆是整个心理活动的基本条件。”犹如计算机要有足够的“内存”才能运行一样，学生头脑中若没有足够的语言积累，就难以有效地进行后续学习。研究发现，各个不同领域中专家的知识都是以组块的方式被存储和使用的，比如象棋大师头脑中有许多关于布局的组块可供灵活提取和运用，这使得他们甚至有可能同时和许多人从容对弈。据估计，无论是哪一领域的专家，一般都需要10—20万个知识组块，而这个数量级的组块要经过10到20年的学习才能形成。

事实上，学生语文能力之间的差异首先表现为记忆能力的差异、语言组块积累量的差异。美国心理学家乔治·米勒提出，短时记忆容量一般为7个组块，即7个记忆单位，并在5—9之间波动，也就是说虽然短时记忆容量有限，但只要在7个以内，就比较容易记住了。可是，短时记忆的容量又十分奇特，它是以组块为单位的。这个组块可以是字，也可以是词、词组，甚至可以是句子。所以在形成组块的过程中要将小的组块合并为大的组块，以减少组块的数量，增大总的记忆容量。例如，我们在背诵“春蚕到死丝方尽”这句古诗时，是把诗中的七个字看成一个完整的意思，也就是在记忆时把这七个字当成一个组块，所以容易记住。但“尽蚕死春到方丝”，同样七个字，却是七个独立的意思，我们在记忆时只能当它们是七个组块而分别记忆。这样记忆前面七个字相比于后面同样的七个字要容易多了。可见，恰当地将材料组织成适量的组块是高效记忆的重要途径之一。

组块识记就是要善于从文本中提取需要积累的语言材料，重新组合成有内在联系的板块，以促进学生的理解和记忆。例如，在低年段的识字教学中，苏教版语文教材编写了押韵合辙的词串形式的课文——“词串识字”，即围绕某个主题，选取相关的词语，编成“韵文”。学生在读写过程中，可以凭借自己已有的知识和经验，通过联想、想象，形成一个整体的“组块”，从而扩展识记的组块容量，促进识记能力的发展。

在各个年段中，识字教学都始终是一个重要的任务，教师也可以借助“词串”的形式，提高识记效果。《小露珠》一文中，出现了大量“像钻石那么闪亮的小露珠”这样的短语，对于三年级的学生来说，正确、流利地朗读和识记都有一定的难度。教学中，我将这些短语重组成一个教学板块，引导学生由易到难、由简单到复杂地朗读、识记。

小露珠

闪亮的小露珠

透明的小露珠

圆润的小露珠

像钻石那么闪亮的小露珠

像水晶那么透明的小露珠

像珍珠那么圆润的小露珠

在这一教学板块中，学生对词语中重音的确定和转移有了切实的学习、体会。如“小露珠”重音落在“小”字上；“闪亮的小露珠”重音转移到了“闪亮”上，“小”成了次重音；而“像钻石那么闪亮的小露珠”重音又转移到了“钻石”上，“闪亮”、“小”成了次重音。于是，对重音的转移、停连的变化、语气语调的差异，学生有了明确的认识，读得抑扬顿挫、声情并茂。由于词语结构相同、排列整齐，学生很快便能熟记于心。更为重要的是，这一连串的短语构成了小露珠这样一个具体可感的形象，学生对小露珠十分喜爱，并主动而积极地识记。因此，当学生今后遇到类似的生活情境，这些短语就会被激活，转化为现实的言语能力。同时，这样的短语结构作为一种新的“言语组块”融入了学生的语言素材库里，今后遇到类似结构的言语组块，就能产生聚合作用，从而丰富学生的词语积累，促进言语的发展。组块式的词语归类识记，减少了学生识记的头绪，减轻了记忆的负担，增加了记忆的容量，提高了学习的效率。

词语可以组块，片段、篇章都可以形成更大的组块。如《螳螂捕蝉》一文要求学生复述故事，一般来说，学生能复述大概，但是对文本中关键的字词，往往丢三落四，从而削弱了复述促进学生言语能力发展的功能。我便重组了这样一个词语板块：

蝉	悠闲	自由自在
螳螂	拱着身子	举起前爪
黄雀	伸长脖子	正要啄食
少年	弹弓	瞄准
吴王	攻打楚国	隐伏的祸患

前面四组词语勾勒了《螳螂捕蝉》这个故事，后一组词语勾勒了少年借《螳螂捕蝉》这个故事智劝吴王的历史故事。由于有核心词语作为线索，学生记忆起来简便、快捷、牢固，复述时便连贯、准确、生动。更为重要的是，这一连串的词语是伴随着一个生动形象的故事植入学生的记忆的，是具有情境性的，不再是单个词语的简单堆砌。因此，这些词语因故事情节而结成记忆组块，对相似结构的故事具有摄取功能，学生会凭借这样的记忆组块熟练地解读与识记相似的故事，从而提高阅读速度与阅读能力。

更为重要的是，如果我们能引导学生自己从文本中提炼、归类这样的词语组块，那么，学生就掌握了发现文本主要信息的能力，掌握了重组言语材料的能力，也就学会了主动阅读。而这，正是组块识记训练的根本目的。

二、形成期待

学生具有自身的阅读经验结构（阅读经验组块），他会主动地运用已有的阅读经验去解读新的言语作品，对作品抱有一种预期和猜测。而每个好的言语作品都具有独特的结构（文章结构组块），对学生产生阅读召唤，唤起学生原有的阅读经验。而组块教学就是将学生的阅读经验结构和文本的阅读召唤结构联系起来，形成学生对文本的阅读期待，推动阅读向纵深推进，以获得更为丰富与深层次的言语智慧。

小说《爱之链》故事情节简单明了，但却引人入胜。一个简单的故事为什么能包蕴这么丰富的内容呢？一个篇幅短小的故事为什么能拨动我们情感的心弦呢？原来，这篇小小说是采用了一个“作品人物不知道，而读者全知道”的写作方法。这种独特的方式深深地吸引着学生，引发学生的阅读兴趣与阅读期待。教学中，我从小说独特的叙述结构出发，唤起学生积极的阅读期待。

师：这篇小说很有意思，你一读情节全都知道，而故事中的人物呢？他们什么都不知道。文中哪些情节是你知道而他们不知道的？

生：我知道乔依刚刚失业，心情很糟糕，生活陷入了困境。而这是老妇人不知道的。

生：我知道乔依的妻子正是那个女店主，而老妇人不知道。

生：我知道乔依帮助了老妇人，而老妇人又帮助了他们一家。这是乔伊做梦都没有想到的。

师：居然这么巧！

生：我知道乔依衣衫不整，是因为他失业了。而老妇人不知道，所以她害怕乔伊是个坏人。

师：心里很是紧张！你读得很仔细，真不错！

生：我知道乔依的妻子很爱乔依，很舍不得他这么奔波，轻轻地吻了他。（众笑。师插话：“那是爱！”）而乔依自己却不知道。

生：乔依不知道自己帮助了老妇人，老妇人才会在看到憔悴的女店主之后，想到要帮助她。而我却知道！（众笑）

生：我知道是乔依的爱传给了老妇人，老妇人又把爱传给了他的妻子，这是一个爱的链条。而乔依自己并不知道。

生：乔依付出了爱，最后得到了爱！他不知道，而我却知道。

……

学生阅读作品，都是凭借自己已有的阅读经验（结构），边读边想，猜测故事情节的发展趋势，假设人物命运的起伏变化等，这样的阅读状态正是学生产生阅读期待的表现。阅读经验越丰富，他的阅读期待视野也就越宽阔，所产生的联想或猜测也就越丰富。这样的阅读者，随着阅读作品的深入，所获得的阅读体验也就越丰富。而阅读新手，就需要教师在旁做必要的点拨与提示：这里出现了转折，你要关注；这里形成了矛盾，你要留意；这里留下了空白，你要推测……这个点拨与提示的过程就是帮助学生产生阅读期待的过程。因为，学生一开始并不会自觉关注那些转折、矛盾、空白，不会发现作品文本中的召唤结构。因此，我们要善于发现不同作品的结构特点，促使学生产生深入探究的阅读欲望。如小说中的“折叠与跳移”、“省略与延宕”、“意外与巧合”等情节结构模型，阅读中若不加以指导，学生就会“滑”过去，而不会在这些结构的精妙之处驻足欣赏，产生阅读的期待效应，从而难以读到作品的深处，体会不到阅读的无限乐趣。

三、比照联想

语文教学的主要任务是指导学生“正确地理解与运用祖国的语言文字”，这里的“理解”，既包含对语言文字思想内涵的理解，又包含对语言文字形式的理解。对语言文字的“理解”并不是一个简单的逻辑推理过程，而是一个包含思维与想象等复杂心智活动的实践过程，呈现为理解与感悟两种基本方式。

“理解”是读者凭借先天遗传和通过后天学习、生活经验、实际体验而建立并贮存在大脑中的“相似块”，与文本中的内容或形式（言意组块与言语组块）产生比照的过程。由于每个人先天的生理结构、知识背景、生活经验等方面的差异，即使是面对同一事物，理解也会各不相同。小学生受到年龄、知识积累、人生阅历与生活经验的制约，他们对许多问题的理解常常是表面的、大而化之的，带有个人色彩、想象性的，但这些理解却往往是充满灵性的、闪耀着创造光芒的。如对“香气浓浓烈烈地从花枝上袭了下来”中“袭”字的理解，学生说是“香气很浓，扑鼻而来”、“香气弥漫在整个枝头，让你陶醉不已”、“花香悄悄地浸入了我的心里，芳香宜人”……这远比字典上的解释“侵袭、袭击”要生动、形象。

高林生先生认为，感悟是“从感官接触认识对象开始的，通过神经的传递，到达大脑的相应区域，与先前贮存在记忆中的相似块相互激活、相互联系，形成感知或感觉，进而通过不断的相似运动、相似匹配、相似重组，达到心领神会，融会贯通，最终形成或重构出新的相似块”。由感而知，而觉，而悟；由渐悟到顿悟，到大彻大悟，这是一个由浅入深、由感性到理性、由低级到高级，层层递进，永无止境的认识过程，凭借的就是丰富的联想能力。人的言语智能和语文素养，正是在不断感悟的过程中得到提升的。比如，在《珍珠鸟》的教学中，学生对“信赖，不就能创造出美好的境界吗?”的含义不易理解，对课文中的鸟与作者逐步亲近的关系也无切身体会。教师如果引导学生联想一下在陌生的环境中又哭又闹的婴儿，一投入母亲的怀抱就马上破涕为笑、安然入睡的情景，学生对这句话的领悟也许就更真切了。

总之，理解与感悟的过程实际上就是“比照与联想”的过程，离开了比照与联想，也就没有了理解与感悟。可以说，“以语言为核心的比照联想”是阅读教学的有效策略。字词之间可以比照联想，句段之间也可以比照联想，言语内容与言语形式之间可以比照联想，言外之意与言中之情也可以比照联想。《天游峰的扫路人》中两次写到了天游峰的高与险，两次写到了扫路人的外貌，两次写到“我”与扫路人的对话。将前后两次内容联系在一起，比较一下，就会有更深的理解、更为丰富的感受。如两次写到扫路人的外貌，第一次是在暮色中循声而至，“才看清是一位精瘦的老人”，“身穿一套褪色的衣服，足蹬一双棕色的运动鞋”，如此而已；第二次是在得知老人每天上下山扫个来回而仍然自在悠闲，便“仔细打量了他：瘦削的脸，面色黝黑，淡淡的眉毛下，一双慈祥的眼睛炯炯有神”。我让学生比照着阅读，发现内含着的意味。

生：第一次是偶遇，没有引起作者特别的注意，所以仅仅写了老人的衣着和整体的大概印象：精瘦。第二次是细细打量，所以将老人与众不同之处刻画得具体生动。

师：通过这个比较，我们清楚地知道了心境不同，所看到的也就不同。

生：我注意到第二次描写，“瘦削、黝黑、炯炯有神”这些词语与第一次的“精瘦”形成照应。

师：你从语词上比较，很好！如果说前面是粗线勾勒，那后面就是——

生：工笔细描。

师：写人亦同绘画。其中的道理大概是相同的吧！

生：我感觉前后两次作者对老人的态度不同，第一次是萍水相逢（师插话：“相识。”），第二次却是深入了解以后的相知了。作者的敬佩之情隐含在这些词语里。

师：比如“黝黑”，有感情藏在里面吗？（生笑）

生：有！“黝黑”给人一种健康、强壮的感觉，是一种健美，那就是一个赞美的词语。

生：“黝黑”常常形容人的肤色黑得发亮，黑得有精神，黑得有力量。我看到那些运动员的肤色就是黝黑黝黑的，不像我们白白的。（生大笑）

师：如果换成“面色黑糊糊”的，或者“面色灰黑”——

生：（抢话）那就生病了呗！（生大笑）

师：对老人的两次外貌描写，由外而内、由表及里，逐层展现老人的精神风貌，热情、爽朗、豁达、自信，自然而然地流露出来，既不显得很突然，又不显得很虚假。这，就是人物外貌描写的艺术。

比照联想，核心就是发现事物之间的内在联系，从而深入比较、丰富联想，将语言文字的内涵与形式理解透彻、领悟到位。高林生先生指出：学生的已有知识经验，无疑是获取新知识和理解新事物的桥梁与中介，但如果文本语言与学生已有经验距离较远、差异较大，那就要尽量寻找具有相似点和相似要素的中介物来沟通。只有能够在看上去不相干的事物之间发现共同点或相似性，进而帮助学生通过相似联系和相似运动，达到“以类行杂”、“理殊趣同”、“一以贯之”的效果，才是具有大智慧的善教者。

四、语境还原

言语作品是作者在特定语境下言语活动的智慧结晶，语境与言语一道生成，但作品一旦完成，语境却随之消失。而阅读的心理过程实质上是一个由言语作品到语境生成的逆向转换过程，这个过程就叫“语境还原”。读者凭借作品中的语言描述，设身处地地像作者当时那样地去想，就能最大限度地体验到作品中蕴含着的独特思想与情意，进而更加真切地领会作者如此说、如此写、如此遣词造句的奥妙所在。可以说，“语境还原”方能进入作者的内心世界，方能进入作品的深层结构，领略到阅读的无限乐趣，获得语境中的言语智慧。

写作是作者在特定言语条件下的语言活动，作者进行创作，必定有具体的、个性化的言语冲动、言语目标、言语环境、言语对象，也必定有语言技巧上的斟酌、推敲、选择、取舍。这些都是开启学生阅读智慧的钥匙。恰到好处地再现某些创作过程，有助于学生更好地理解作品。如古诗语言凝练、内涵丰富、意境深远，学生在阅读时常常就字面意思做粗浅的理解，很难深切地领会诗句的韵味。我在教学白居易的小诗《夜雪》时，适时引导学生还原语境，将一首小诗演绎得情趣盎然，言意尽得滋味。

师：夜雪，顾名思义，就是夜里下雪。当时诗人在哪儿呢？

生：诗人应该在窗前看着天上下雪，不然的话怎么知道夜里下雪了呢？

师：哦，诗人一直在等着看下雪？（众笑，生感觉有点不对）

生：诗人在屋子里睡觉。夜深人静，谁会一直傻站着不睡觉啊？（众笑）

师：其实诗人在诗中清清楚楚地告诉了你，注意关键的字。

生：我知道诗人这时正在床上睡觉。“已讶衾枕冷”中的“衾”和“枕”是说作者正在被窝里睡觉呢！（赞叹声）

生：诗人正在被窝里睡觉，是被冻醒的。（众笑）“已讶衾枕冷”中的“冷”告诉我们，当时诗人的被子和枕头都是冷的，说明他是被冻醒的。因为我们睡觉时被窝都是暖和的。（众又笑）

生：我补充，这还不是一般的冷，是冰冷冰冷的，“讶”就是冷得让人惊讶。

师：看来，同学们已经设身处地，像诗人那样地想，像诗人那样地生活了。（众笑）读诗就要体验作者写诗时所处的情境。那么，作者在被窝里睡觉，又怎么知道外面下雪了呢？

生：（争先恐后地）作者被冻醒了，连被子和枕头上都是冰冷的，就知道是下雪了。

师：这是从“触觉”上知道下雪了。

生：作者看到窗户亮起来了，就猜到是下雪了。

生：夜里漆黑一片，窗外照理是黑糊糊的。“复见窗户明”是说现在明亮起来了，那是雪光映到窗户上了。

师：对呀，“雪光”映照在窗户上，泛出白色。这是从“视觉”上判断下雪了。

生：诗人是从竹子折断的声音中判断出下雪了。

师：哦？能不能说得更透彻些？

生：竹子上积了过多的雪就会折断，“时闻折竹声”，诗人不时地听到竹子折断的声音，就知道下雪了。

师：你能模仿一下“折竹”的声音吗？

生：“咯吱。”

师：那是“竹枝”折断的声音。

生：“咔嚓。”（众笑）

师：这是从“听觉”上知道下雪了。

“当时诗人在哪儿？”“怎么知道外面下雪了？”“这是一场小雪还是大雪？”一连三个问题，激活了学生已有的生活经验，触发了学生的类比联想，再现了诗人当时所处的生活场景，实现了语境还原。这样的语境还原，使学生通过作品与诗人实现了跨越时空的对话，生成了特殊的语境。这种语境使诗句增添了生活的情趣，读来别有一番韵味；使学生透过诗句看到了背后的诗人，仿佛看到他的一颦一笑，诗人的心境自然明了；使寻常的字词瞬间有了无限的魅力，“冷”、“明”、“重”、“折”，无不引发学生丰富的联想。语言，只有在特定的语境中，才焕发出独有的韵味与表现力。

五、陌生文本

“陌生化”是德国著名戏剧大师布莱希特创建的戏剧理论，是指在戏剧创作和表演过程中，采用“间离技术”，突破观众与剧情之间产生的移情、内模仿或感情共鸣效果，使观众更理性地、冷静地分析判断剧情和人物，从而获得更深刻的审美享受。而语言的陌生化也成为文学创作的追求。俄国现实主义代表人物什克洛夫斯基曾经指出，艺术的技巧使对象变得“陌生”，使形式变得困难，增加感觉的难度和长度，因为知觉过程本身就是审美目的，必须予以延长。

学生阅读的文本大多是现代白话文，一般都比较通俗易懂，并不存在语言上的太大障碍，学生浏览数遍，文本内容大多了然于心。常态的生活化阅读关注的是文本“说了什么”，而语文阅读教学关注的却是文本“怎么说”。即引导学生领悟其言语发生的特征和技巧，而不是仅仅让学生沉浸到文本所营造的情意空间中去，既要“入乎其内”，更要“出乎其外”。王晓春先生曾经打了一个形象的比喻：“人家谈生意，我当然也就跟着想生意，大家谈家常，我当然就跟着想家常，这就是顺理成章的事情。而语文课不允许这样，语文课要求你听人家谈生意，想的是‘他是如何谈生意的’，听人家谈家常，研究的是‘他为什么用这种方式谈论家常’。”简而言之，语文阅读教学天生就要让人“具备一种研究的气质，一种独特的阅读视角。无论你说什么，我都要带着语文眼镜，从语文角度揣摩一番”。语文阅读教学就要让学生“主动”地阅读，对文本进行研究、考察：它为什么能够感动我们呢？讲同样一件事，如果换一种说法，是不是也能够感动我们呢？

学生阅读文本时常常会在不经意间从文本表面“滑”过去，对文本“怎么说”缺乏敏锐感。现代心理学“差异原理”表明：人的知觉和敏感性跟眼前的“图式”与心中熟悉的“图式”之间的差异度有关。只有那些与心中的图式不是完全雷同和完全无关的图式，即与内在图式具有一定差异性的图式，才能引起人的敏锐的知觉。阅读教学就是要发现文本中学生似乎已知已会、其实未知未能的“图式”（言语组块），通过恰当的形式呈现出来，以使学生对熟识的文本产生陌生感，从而产生强烈的研究欲望，变“被动阅读”为“主动阅读”。

文本中的语言，初看学生都读得懂，但你若追问一下其中的“言外之意”，进而追究一下“其所以然”，就能将文本变“熟悉”为“陌生”，凸显出这些语言的阅读价值，引起学生的关注。如《天游峰的扫路人》结尾有这样一段话：“老人朗声大笑。笑声惊动了竹丛里的一对宿鸟，它们扑棱棱地飞了起来，又悄悄地落回原处。”学生粗略一读，没有什么不明白的。但是，“飞起来”，却“又悄悄地落回原处”就显得很特别。一般写鸟被惊起之后，总会写它飞走了，而这里却写鸟又落回原处。如此追问，学生顿时感觉此处写得并不寻常，熟知的文本立刻有了阅读的“距离”，而这种“距离”恰到好处地引发了学生对言语的推敲和揣摩：此处写宿鸟，其实是在写老人；宿鸟惊起又落回原处，因为它们离不开生活的这片竹林；老人早可以退休却仍在扫地，因为他离不开生活的这座大山。这样一想，学生豁然开朗。而仅仅这样理解和体会还不够，我进而追究：这里的“扑棱棱、悄悄地”等字眼还有什么特别的意味吗？读来有怎样的一种韵律？句段中的言语音韵之美、情意渲染之美，就在这样的“陌生化”过程中被揭示得淋漓尽致。

教学中，我们常常只关注文本中具有独特表现力的字词、句子，而对文本中独特的言语表达形式（言语组块）缺少专门的整合训练。《我和祖父的园子》选自萧红的《呼兰河传》，语言自然舒畅，一读就懂，然隐藏在文本中独特的言语形式却为学生所忽视。我将文本中的言语形式提炼出来，引起了学生的好奇心与探究、模仿的欲望：

师：课文是这样写我和祖父在园子里的生活的。祖父戴一顶大草帽，我就——

生：戴一顶小草帽。

师：祖父栽花——

生：我就栽花。

师：祖父拔草——

生：我就拔草。

师：祖父铲地——

生：我也铲地。

师：祖父浇水——

生：我也浇水。

师：祖父喝口水——

生：我也喝口水。

师：祖父抽袋烟——

生：我也抽袋烟。（生大笑不已）

师：这可不能抽！（生大笑）

在这个教学片段中，我将散落在课文中“祖父做什么，我就跟着做什么”这样的言语表达形式提炼了出来，编制成一个富有情趣的对话活动，让学生有更多的时间“逗留”在这样特别的言语形式上。学生在对话中感受到了这种言语形式的别致，真切地体悟到这样言说的意蕴——表达了我与祖父形影不离、亲密无间的祖孙情意，传达出作者对童年生活的眷恋和对祖父深深的怀念，从而“出乎其外”，揣摩作者如此“言说”的用意及妙处。我适时鼓励学生运用“我想怎么样就怎么样”这样的句式，将我跟着祖父在园子里自由自在的童年生活描摹出来，让学生通过“仿写”进一步体会陌生化的言语形式，并转化为自身内在的言语智慧。

请看一位学生的现场仿写：

我童年的所有欢乐都种在了这个园子里。我想栽花，我就栽花；我想拔草，我就拔草，即使把苗铲了，把狗尾草留着，也没人骂我。我一会儿想捉蝴蝶，我就跑来跑去追蝴蝶；我一会儿想跟祖父捉迷藏，就缠着祖父捉迷藏，如果他不乐意，我就拽着祖父的胡子直嚷嚷。看到祖父抽烟，我就想抢过来抽几口，祖父不让，我就摘了根黄瓜当烟抽。玩累了，闹够了，我就找个阴凉的地方，就那么一躺，看着天空蓝悠悠的，又高又远，我的心也跟着白云，飞得又高又远。

六、组块破解

青原惟信禅师说：“老僧三十年前未参禅时，见山是山，见水是水。及至后来，亲见知识，有个入处，见山不是山，见水不是水。而今得个歇处，依前见山只是山，见水只是水。”青原惟信所说的“山”与“水”，在现代认知心理学中被称为组块，它代表一种模块化、自动化的信息加工过程。尽管组块的存在能够极大地提高人们的信息加工能力，但组块也可能成为我们思维的障碍。20 世纪 80 年代，瑞典学者 Ohlsson 提出，正是因为有组块的存在，我们才无法创造性地解决问题，Ohlsson 认为顿悟意味着组块的破解。

曾有研究者向人们呈现两个汉字，比如“白—排”，要求人们从右面的字中取出一部分放入左面的字中，使左右两边的新字仍然为真字，比如，将右边的“排”字中的提手旁取出，与左边的“白”字相结合，形成“拍—非”。研究者比较了两种不同水平的拆字，一种是部首水平的拆字，拆出的部分是部首，比如将“青—话”变成“请—舌”、将“女—宝”变成“安—玉”、将“矢—匡”变成“医—王”等。这种拆字相对来说比较容易，因为部首也是汉字中有意义的组成部分。但是，如果拆字的过程发生在笔画或者笔画水平之下，则拆字的难度就会大大增加，比如“三—四”的拆法是将“四”右边的一竖取出加入左边使之成为“王—匹”，而“干—学”的拆法则是将“学”上边的两点取出加入左边使之成为“平—字”等。在笔画或笔画水平之下的拆字之所以如此困难，是因为笔画被紧密地编织在汉字的知觉组块中，要想把它们取出来必须首先打破紧密的知觉组块。

行为实验结果表明，需要破解的组块的紧密程度越大，则人们解决这个问题的可能性就越小。在理论上讲，我们可以将“三”和“四”看作“山”或者“水”，“见山不是山”意味着将“三”和“四”的知觉组块打破，但这种打破并不是盲目的破坏和肢解，而是从“不可能”中发现“可能”，从紧密的组块中发现新的组合、新的创意。

学生阅读的文本有着严密的内在结构，即言语组块，阅读的过程是顺应这种结构去发现内在的意义，还是破解这种结构去发现更深的意义，是两种不同的阅读取向。前者是欣赏式阅读，后者是解读式阅读，我们语文教学缺乏的恰恰是解读式的阅读方式。解读就是以读者为中心的主观、个性化阅读，既有对文本既定含义的揣摩与捕捉，更有自己独特的理解与感悟，有一种可贵的怀疑精神与创造意识。而这，正是我们阅读教学的价值取向所在。如《水》这篇文章的第一自然段：

我出生在一个缺水的地方。记得那时候我们一个村子的人吃水，都要到十公里之外的一处很小的泉眼里去挑，经常要排上一个小时的长队，才可以挑上一担回家。水，成了村子里最珍贵的东西。“请我喝酒不如请我喝水”，这是村里人说得最多的话。

阅读时，一般的学生自然而然会抓住“水，成了村子里最珍贵的东西”这个中心句来理解，这是对“确定重要信息”阅读策略的熟练运用。而有一位学生却关注到这段话中一连串的数量词，读到了文本的深处：“一个村子的人”、“一处很小的泉眼”说明人实在太多，水实在太少；“十公里之外”、“一个小时的长队”、“才可以挑上一担”，说明走的路实在太远、等的时间实在太长，而取回的水又实在太少。由此可知，水实在太珍贵，生活实在太艰苦。学生这样阅读，便能够发现其中的对比意味，对水的“珍贵”也就有了更加深刻而真实的体验。同时对文本的言语表达形式有了独到的发现：把寻常的数量词组合在一起，却能产生如此丰富的意蕴，真是“平中出奇”。可见，阅读教学中，我们要珍视学生独到的阅读方式，不能以教师的阅读方式替代、束缚学生的阅读方式。因为，学生往往能打破固有的阅读定式、阅读习惯，想到教师想不到的地方，正所谓教学相长吧。

当然，要破解文本固有的结构和阅读程式，教师须培植起学生的质疑精神、探究意识，鼓励学生多角度创造性地思考问题，尊重学生的“另类思考”，或许正是在这些“另类思考”中，隐含着可贵的破解思维定式的创造火花。且看美国老师教《灰姑娘》时所提出的六个问题：

（1）你们喜欢故事里面的哪一个人物？不喜欢哪一个人物？为什么？

（2）如果在午夜12点的时候，辛黛瑞拉（灰姑娘）没有来得及跳上她的南瓜马车，你们想一想，可能会出现什么情况？

（3）如果你是辛黛瑞拉的后妈，你会不会阻止辛黛瑞拉去参加王子的舞会？你们一定要诚实回答哟！

（4）辛黛瑞拉的后妈不让她去参加王子的舞会，甚至把门锁起来，她为什么能够去，而且成为舞会上最美丽的姑娘呢？

（5）如果辛黛瑞拉因为后妈不愿意她参加舞会就放弃了机会，她还有可能成为王子的新娘吗？

（6）最后一个问题，这个故事有什么不合理的地方吗？

这些问题打破了文本固有的结构，也打破了学生对文本固有的理解，引导学生将阅读思维的触角向四面散发，又直抵学生的已有认识和经验，因而真正触动了学生的内心世界。而最后一个问题，却引发了学生对文本的质疑，他们终于发现“午夜12点以后，所有的东西都要变回原样，可是，辛黛瑞拉的水晶鞋没有变回去”！而教师的话更让人深思，她说：“天哪，你们太棒啦！你们看，就是伟大的作家也有出错的时候，所以，出错不是什么可怕的事情。我担保，如果你们当中有谁将来要成为作家，一定比这个作家更棒！你们相信吗?”

七、迁移运用

学生在生活中习得了丰富的言语经验，而在课堂教学中又学到了宝贵的言语知识，言语经验和言语知识只有通过言语实践才能得以融会贯通，转化为个体的言语能力、言语智慧。正如一位知名作家所领悟的那样：“说到底，一个学者、评论家的写作语言，是他的个性、修养、境界的综合体现，是人生智慧的结晶体。‘理性’语言，放弃了个体生命的丰富感受，让概念、理论牵着鼻子走，不足取。‘感性’语言，让任性、飘忽的感觉支配写作，抽掉了评论的理性属性，也无前途。只有‘智慧’语言，熔感性和理性、个体和人类为一炉，才能抵达真正的学术境界。我想，还是从前辈学者那里多学点东西，才是正路。”这里的“正路”指从名家的经典作品中领悟“智慧言语”的形成“秘诀”。

我以为，学生的言语智慧正是在学得与习得的融合过程中生成的，这个融合的过程就是“迁移运用”。相似论认为：为实现迁移而教必须有意识地培养学生发现“类似”的能力，因为发现类似是实现经验转移的先决条件。人的大脑不管是在显意识中，或是在潜意识中，都是按照相似性进行激活、联系、匹配、重组的。凡具有创造才能的人，大都具有一种在最不相像的地方捕捉到最朦胧的相似线索或共同要素并拿来加以运用的能力。小学生往往缺少这种发现相似的洞察力，这就需要我们教师有意识运用前后联系的策略，帮助学生去发现与觉察复杂纷纭的现象之间的共同要素与相似联系，从而能够比较容易地实现“课题的类化”。即找到课题内容与已有知识经验之间的关联处，把当前的课题纳入原有的知识经验系统中去，从而找到解决问题的途径和方法。

在语文课堂教学中，我们要善于从文本中选取典范的、学生可接受和模仿的言语事实（言语组块），提炼其中蕴藏的言语运用规则，创设学生所熟悉的生活化情境，引导学生借鉴运用，实现迁移。如三年级《石头书》一文，浅显易懂，很多人认为没有什么值得教的，而恰恰忽视了文本言语迁移的训练价值。我鼓励学生借用课文中的话语，简要地说说为什么一块普通的石头就是一册厚厚的书。

教师先做示范：“石头就是书，你们看，这石头一层一层的，不就像一册厚厚的书吗?”

而后，学生运用这样的句式练习概括课文的主要内容：

“石头就是书，你们看，这石头上留下的雨痕、波痕，还有那些小不点儿矿物，就是石头书上的字啊!”

“石头就是书，你们看，这石头上有树叶、贝壳、小鱼等化石，就是石头书上的画啊!”

“石头就是书，你们看，这石头上的字和画，告诉我们这里的地壳变化，还告诉我们哪里埋着煤炭、哪里藏着矿藏……这就是石头书上的知识和学问啊!”

在此基础上，我设计了一个生活化的综合运用情境：“《石头书》这篇课文有意思吧？今天回到家，愿意讲给你的爸爸、妈妈听吗？现在，我们两个来演一演你回家后的情景，你愿意吗？大家想看吗？（教师演爸爸，学生演孩子）

爸爸：小明，今天语文课学了哪篇课文?

孩子：爸爸，我们学了《石头书》，可有意思啦!

爸爸：哦？石头就是石头，还会是一本书?

孩子：真的！你看，石头一层一层的，就像一册厚厚的书；石头上留下的雨痕、波痕，还有那些小不点儿矿物，就是石头书上的字；石头上有树叶、贝壳、小鱼等化石，就是石头书上的画；这石头上的字和画，告诉我们地壳变化，还告诉我们哪里埋着煤炭、哪里藏着矿藏……这就是石头书上的知识和学问啊！

爸爸：一块普通的石头还有这么大的学问啊！你说，谁会从石头上研究出这么多的学问啊？

孩子：勘探队员啊！他们就有这样的本事！

爸爸：孩子，我们的祖国地大物博，地下埋藏着无数的宝藏。希望你能早日读懂这些石头书中的学问啊！

学生就是在这样的模仿说话中，习得了概括性表达的言语经验。积累了大量的感性经验之后，教师适时加以理性的归纳和提升，必然能让学生豁然开朗、融会贯通。可以说，只有积累了丰富的言语感性经验，才有言语质量的飞跃。

当然，学生仅仅模仿文本的言语形式是不够的，因为这是言语的事实性知识，属于陈述性知识，学生还应该获得一种言语的策略性知识和条件性知识。策略性知识和条件性知识更具有迁移性，比如学生掌握了概括段落的策略性知识，就可以运用到阅读中去，根据不同的段落叙述结构特征，选择运用有针对性的概括策略。

所谓阅读策略教学，是指“通过阅读教学提高学生对阅读要求的意识，掌握和运用恰当的阅读策略来完成阅读任务，从而形成监控策略运用的能力”。阅读策略教学的实质就是迁移。国内外的理论和教学研究表明，下面的阅读策略能够有效地促进阅读理解：①确定重要内容（区分重要和非重要信息）的策略，②概括信息策略，③推理信息策略，④质疑释疑策略，⑤监控理解策略，⑥激活原有知识的策略。

阅读策略是一种内在的认知活动，学生往往难以感知、观摩和把握其获得过程，因此需要教师示范如何运用阅读策略来理解文本的内容，并用语言描述其思维过程，把内在的思维活动转化为学生能观察到的外显表象，便于模仿学习。在一堂阅读课或一段教学时间内，提倡只教少数的阅读策略，以便学生集中学习并不断深入地练习一种策略，在后续学习中螺旋式地迁移运用。

一般的语文教学往往以学生学完课文、完全理解为目的。但学生很少能主动将习得的能力迁移到所学情境之外。而语文是工具学科，这就要求学生必须将语文课中学得的能力从这一情境迁移到新的情境，从这一学科迁移到另一学科，从而实现语文课的基础工具作用。

第三章　基于儿童的作文教学策略

好的作文教学应该拥有足够多的方法与策略，以积极有效地应对层出不穷、各色各样的问题。否则，我们会在教学实践中陷入黔驴技穷的困境。而所有的策略，都应该建立在儿童精神世界、儿童话语方式、儿童生长需要的基础上。任何背离或脱离儿童的作文教学，都是一种精神伤害。

一、命题激活

五年级期终考试，一位老师在监考巡视中发现一位学生基础题试卷上全是空白，就问他："你怎么没有做?"孩子瓮声瓮气地说："不会!"再问："看拼音写词语会吗?"学生仍然是瓮声瓮气地回答："不会!"老师翻过卷子，却发现作文题答得满满的。尽管错别字连篇，但依稀可以看出所写的大意："其实，我不想读书。我从一年级开始就读不出，课文背不出，词语默不出，数学算不出，考试也考不出。现在读五年级了，在学校里，老师骂，在家里，妈妈骂，爸爸打。连隔壁读二年级的小朋友都看不起我，说我笨死了。其实我不笨，就是读不出。我经常受罚，罚站（墙）角，罚做值日，罚抄，罚没饭吃。这样的日子真的猪狗不如，我受够了！其实，我真的不想读书了……"一个连词语都默不出的孩子，怎么会写出这么一大段充满愤怒与无奈的作文呢？秘密在于，这次考试的作文题《其实，我不想……》勾起了孩子内心郁积多年的委屈与愤怒。作文没有什么章法，没有什么技巧，纯粹是一种内心情感的自然宣泄！一个平时连话都不多说一句的孩子，却在考场上用笔表达了内心的痛苦与期望，字字句句都浸透着孩子的心酸与苦闷，读来让人震撼！假如没有这样一个作文题，或许，这个孩子就会干坐在那儿，一个字都不会写，就会说："我不会!"其实，不是他不会，而是孩子不想写，不愿写。

一直以来，我们总以为学生的生活很单调，学生写不出作文是因为缺乏生活积累。然而，从这个孩子身上，我们却看到了这样一个事实：不是学生缺少生活积累，也不是学生的生活太单调，而是我们的作文题目远离了学生的实际生活，没有触及学生内心的生活感受和情感积淀。如，“观察一幅剪纸，写一篇作文”，学生对教科书上的剪纸压根就不感兴趣，缺少审美的眼光和想象的欲望。于是，要么胡编乱造、虚情假意，要么东拼西凑、敷衍了事。这样的作文题目，没有出到学生的心里去，老师和学生自然就会觉得“难教、难写”了。再者，我们所命的作文题，往往过于笼统、过于平淡，学生熟视无睹、习以为常，丝毫没有作文的激情。如写一段假期生活经历，三年级写，四年级写，到了六年级一开学，还要写，如此这般，学生已经产生了“审题疲劳”，厌倦了这样的作文题目，又怎么能写出新鲜的作文呢？如果改成《暑假偷着乐》，学生一下子就精神起来：“趁着父母外出，偷偷地玩了个痛快，居然没有穿帮！呵呵，偷着乐！”抑或，“作了一个小小的恶作剧，看着别人出洋相，居然没有人怀疑！呵呵，偷着乐！”……瞧，这样一改，不怕学生没有话写，不怕学生昏昏欲睡。好的作文题，犹如一个导火索，你点燃了这一头，很快就会烧到学生的心里，炸开学生记忆的“火药桶”，让其不吐不快！与其挖空心思研究怎么教、怎么写，不如先琢磨一下写什么、怎么命题、命什么题吧。或许，一个好的作文题目可以让作文教学事半功倍呢！要想命个好的作文题，你非得成为孩子肚子里的“蛔虫”不可！不了解孩子，不熟悉孩子，不摸透孩子，就很难想出让孩子一看就有话可写的作文题来！

二、贴近现场

一位六年级的学生早晨抄袭同学的家庭作业，被老师逮了个正着，老师责令该生写一份深刻的检讨。磨蹭了半天，这位学生终于把400多字的检讨书交了上来。通篇都是“我以为……我以为……我以为……”，不是检讨自己的过错，而全然是一副辩解的姿态。你看这段：“我以为早上来得早，趁同学们都还没有来的时候，可以把昨天的家庭作业补做完，所以就向某某同学借作业本看看。我以为看看没什么的，平时做作业也经常看同学的，没想到今天被老师看见了……”你能从中读到他对自己抄袭行为的深刻认识和反省吗？或许由于学生没有经历过写检讨书这样的作文训练，不知道该写什么、怎么写；也或许学生经常写这样似是而非的检讨书，教师却从不认真看，只是将其当作一种惩罚的手段而已。学生在学校里犯错是正常的，不正常的是学生到了六年级还不知道什么是检讨，该怎么写检讨。没有严格的书面检讨训练是可能的，但不可能没有学习过如何口头检讨吧？问题的症结就在于，学生的书面检讨、口头检讨都没有与表达训练结合起来，教师没有把这些检讨当作作文教学的内容和时机。因为在我们的观念中，作文是课堂内的事，犯错写检讨是生活中的事，两者没有什么关联。于是，作文教学就成了学生“象牙塔”内的“高雅游戏”，而没有成为学生现实生活的一部分。

作文的功能在于交际，作文只有在交际过程中才能体现出它的价值与意义。学生学习作文，不是为了得个分数、评个等第。作文不应该成为摆设，而应该为学生的生活服务，让学生能更好地生活。学生犯了错，他能写一个深刻的检讨，既剖析自己犯错误的思想根源，又明晰自己努力的方向，经历了一个自我教育的过程，同时得到了老师的谅解，才可以更好地继续学习。如果他不会运用作文（书面的、口头的）进行检讨，那就会遇到大麻烦，被老师找去进行长时间的谈话，甚至会遭到家长的惩罚。可见，一旦作文成为学生生活中的“必备品”，学生就会产生无限的学习热情。

再翻翻那些优秀作文选，看到的学生作文大多文采飞扬，写得很美，文学味很浓。而看看我们自己班级学生的作文，绝大部分都只是做到了文通句顺，没有美妙的修辞，也没有巧妙的构思。能围绕一个意思写具体些，有时已很让人欣慰了。当然，总有几个文笔好的学生，但那往往不是我们教出来的。可是，我们却常常以这几个不需要教的学生为目标，试图教出一个个有文采的学生来。“具体、生动、形象”是我们的口头禅，几乎天天念，似乎要把每一个学生都教成未来的作家、诗人。其实，谁都知道这是不切实际的。过于注重作文的文学化，必然拔高了对学生的作文学习要求，也必然会切断作文与生活的自然联系，让作文变得不自然，不亲切，不可即。一旦作文成为一种高不可即的东西，就会成为学生学习的负担。摆脱作文的文学化倾向，让作文更贴近生活的现场，才不至于异化作文的本来面目。因为，学生学习作文是为了更好地生活，而不是相反。

三、虚实相生

一次，我给学生上《爱之链》。读着读着，一位学生冷不丁地提了个问题："如果乔依以前从没有人帮助过他，那么，当他看到那位老妇人的时候，还会主动地帮助她修车，而且还不要她的报酬吗?"的确，文中的乔依以前在困难的时候也常常得到别人的帮助，所以他从来就认为帮助有困难的人是一件天经地义的事，他一直就是这么做的。学生的假设和疑问不无道理，学生这种学习的好奇心和探究精神也是极为可贵的。但问题是，这是一篇小说，不是现实生活中的真实事件。小说中的人物与事件，是作家刻意安排的，其一环接着一环的爱的传递故事，以及意外的结局，都是小说精巧构思的必然结果，而不是现实生活中必然会有这样巧而又巧的事情。一旦你把小说当作真人真事来阅读和理解，就会产生无数个无法解答的问题，足以让你堵得发慌，无法进入真正的文学阅读与欣赏。对于好的文学作品，你明明知道是假的，是作家创作的虚构的故事和人物，但你仍然会信以为真，感动得无法自拔、潸然泪下。

虚与实，一直是文学创作中的两极之美，而我们的作文教学，却走向了两个极端。在低年级，我们把学生虚构的故事、人物当作"珍宝"，认为那是学生可贵的丰富想象力的体现；在高年级，我们把学生虚构的事件、虚拟的场景当作"假花"，认为那是学生无病呻吟、胡编乱造出来的，斥之为"说假话、空话、套话、大话"。因为学生拙劣的虚构、幼稚的想象，一眼就可以看穿。不可否认，学作文、学做人，培养学生说真话、写真实是作文教学的追求。但同样不可否认，丰富的想象力是学生写好作文不可或缺的能力，缺乏想象与联想，就事记事，就人写人，是很难"入门"的。作文，就是让学生将自己的所见所闻、所思所感，用自己的笔如实地写下来。同样真实的事件，由于每个人看待的角度不同，写出来的作文也会有很大的差异，其中不乏个人的见解，甚至掺入了个人的想象与虚构。但是，只要不违背学生自己的意愿，是发自他内心真实的声音，同样是珍贵的。虚构事实，是人品问题；而虚构故事，则是创作问题。在我们倡导写真实生活的同时，我们切不可扼杀学生丰富的想象力与独特的思想力。我们不能将作文的写虚与做人的真实混为一谈。因为，作文就是作文，虚实相生，才有两极之美。

四、指导具体

我们的作文指导几乎是一个套路：指导记事，要求写清起因、经过、结果；经过部分是重点，要写得具体些。怎么具体呢？就是要把人物的语言、动作、神态、心理变化写出来。指导写人，要求抓住人物的特点写，先写外貌特点，再写性格品质特点；重点要选择典型的事例来表现人物的精神品质。怎么写具体？就是要把人物的语言、动作、神态、心理变化写出来。从三年级到六年级，一遇到写人记事，差不多都是这样几点似是而非、指导了也没多大作用的要点，说的基本上是正确的“废话”。而针对一篇具体的作文，教师鲜有针对性的切实指导，没有就学生写作中出现的具体问题做令人茅塞顿开的分析讲解、修改示范，没有相机传授简明而实用的写作技巧。学生听与不听没有什么差别，也已经习以为常，你说你的，我写我的。曾经有一个六年级的学生拿着自己四年级时写的同题作文“交差”，语文老师居然在班上作为范文朗读。这四年级的作文指导和六年级的作文指导有什么差异？学生的作文水平有哪些质的提高？这几乎是一笔糊涂账。

出现这种问题的根源在于，我们语文教师缺少对作文教学的深入研究，尚未明晰写作的基本知识。对写作的技能技巧胸有成竹才能在教学时点石成金、游刃有余，而胸无点墨必然会老生常谈、捉襟见肘，甚至黔驴技穷。因此，改变我们自己，才能改变作文教学的现状。

有位老师说，作文指导难在每个孩子所写的内容不一样。同样记事，每个孩子记的事件不同，你的作文指导怎么能切中每个孩子的作文问题，满足每个孩子的作文需要呢？这看似一道难题。但我们要坚信：办法总比困难多！苏教版语文教材中有一篇课文《莫泊桑拜师》，福楼拜让莫泊桑站在自家门口观察路过的马车，并记录下来。连续看了三天，莫泊桑一无所获，觉得没什么好写的，再次请教福楼拜。福楼拜说："怎么能说没有什么东西好写的呢？那富丽堂皇的马车，跟装饰简陋的马车是一样的走法吗？烈日炎炎下的马车是怎样走的？狂风暴雨中的马车是怎样走的？马车上坡时，马怎样用力？车下坡时，赶车人怎样吆喝？他的表情是什么样的？……"一个接着一个的问题，让莫泊桑恍然大悟，经过观察，他获得了丰富的材料，自然写出了很有文采的文字。其实，我们何不像福楼拜那样，针对每个学生作文中存在的问题，用提问的方式，一个接着一个地追问，让学生沿着老师提出的问题逐层深入地思考作文的具体方式、方法。学生在这么多问题的引领下，就会逐渐养成和老师一样的观察、思考方式和习惯，就会像老师那样地去看、去想、去写。教师将写作文的具体方法、策略融化在这一系列的问题中，学生回答问题的过程就是学习写作的过程，就是从写不好到写得好、从不会写到会写的发展过程。

我曾经借用这个问题指导法，辅导过一个不会写作的学生。我一连提了22个问题。那位学生针对我的问题，回答了22句话，而将这22句话连起来，就是一篇完整的作文。当学生看到自己完成的作文，感到非常神奇。我告诉她："写作文，其实很简单，就像回答问题一样！"从此，这位学生就不断地向自己提问，作文也越写越好。"问题指导"，实际上教给学生的是正确的作文思维路径，思维的改变必然带来作文质的飞跃。而针对每个学生的作文，不断地提出需要思考与修改的问题，我们每个教师都可以做得到。与其把时间花在圈画学生的错别字和病句上，不如将精力集中在对学生作文思维路径的指点上。一个孩子，只要经历那么几次具体的"问题指导"，他就能从中悟到写作文的一些窍门。这比那些作文指导的"花架子"要有益得多！

五、读写结合

有人说，学好语文的唯一秘诀是"多读多写"，仅此而已！此话指出了语文的读写能力是在读写实践当中形成和发展起来的，但也忽视了语文教学中"读与写"的独特之处。著名书法家启功先生说："我的书法好，是我在'文革'中写大字报写多了的缘故。"那是启功先生自谦的说法，切不可当作练习书法的唯一秘诀。因为真正要练书法，还得要学习书法课程，学习间架结构、落款章法等书法专业知识，切不能依葫芦画瓢般暗自摸索。尽管多练也能找到一些书法的诀窍，也能写出一些好的作品来，但纯粹靠自己的悟性，所花的时间会很长，而靠专业的指导、训练就能快速地入门。同样，假如我们一味地让学生多读，而不讲读书的方法、要诀，那么学生很可能读了很多书，但依然只会注意那些引人入胜的情节，不会去深入思考更有价值的问题；假如我们只顾让学生多写，而不讲写作的方法、要领，那么学生有可能天天写，也写不出好的文章来。一个三年级的孩子被要求写日记，只写了三天，他就觉得没什么好写的，也不知道如何去写。所以每天就写早上起来干什么，上午上了什么课，下午上了什么课，回家后吃饭、写作业和睡觉。每天写的几乎是同样的话，成了流水账。既失去了写日记的意义，又让孩子失去了对日记的兴趣、对作文的好感。可见，没有了“法”，多读、多写只具学习的形式，而无实质的意义。

那么，读与写的“法”究竟在哪里？就在那些文质兼美的文章里，尤其是关乎怎么写的问题，答案都隐藏在文章的字里行间。在阅读文章的过程中，要引导学生不仅关注写了什么，更要关注文章是怎么写的，为什么一定要这么写。假如要我写，还可以怎么写？如此，就将阅读的目光聚焦在“写”上了。领悟了文章的写作方法和表达规律后，最重要的还是要学会迁移、学会运用。比如《月光曲》中，作者用独特的联想将琴声的美妙描绘得具体可感、生动形象。而学生作文中出现次数最多的毛病是不具体、不形象、不生动。教师可选取一两篇典型的问题作文，让学生借鉴文中的写法进行修改，从而加深对作者写作手法的体会，提高自己的作文水平。

阅读教学中的“写”，具有现场感：一是让学生就文章中的核心内容展开深入的思考，写出自己独特的感想。如对文章中的人物作出自己的评价，针对文章中的观点发表自己的看法，对文章中的事件进行续写……由文章的思想内容触发学生更多、更有个性的理解，可以丰富学生的写作素材，解决学生写什么的问题。二是对文章中的独特写法进行迁移，组织学生进行片段练笔。有简单的直接模仿，也有对多种写法的综合运用。这样的写作练习，由于有具体的范文和清晰的写法，学生模仿起来比较方便，可以达到一课一得的效果，提高写作能力。但不能仅仅停留在一课一得，要注重综合、内化。

总之，我们不能简单地认为“读”就是“吸收”，“写”就是“倾吐”。其实，“读”与“写”是一个整体，读读写写，写写读读，这是一种最自然的读写状态。读中的写，更有方法、更有目标，夯实的是学生的作文基本功；写中的读，更有目的性，更能激发学生的阅读积极性。没有阅读的作文课与没有作文的阅读课一样，都是不完整的语文课。

六、及时反馈

游戏总能让游戏者乐此不疲，为什么呢？其中的一个秘密就是及时反馈。游戏者在游戏过程中若遭遇失败，会马上得到有关失败原因的反馈，知道哪个地方有陷阱，哪个环节要加快速度，哪个时机要及时出击等。于是，他就能在第二次游戏时及时规避，改变战术，从而通关晋级。而我们的作文教学，常常会在反馈上严重滞后。上了一节作文课，学生花了九牛二虎之力写了一篇自以为还不错的作文，交给了老师；第二天，学生满怀期望，心想老师会怎么评价我的作文呢？我会得个什么分数呢？可是老师只字不提，因为老师还没有开始批改呢；第三大，学生巴望着老师讲评他的作文，老师还是没有讲，因为老师还没有批完呢；第四天，老师仍然没有讲，因为一个班级有几十篇作文，怎么可能一天就批完呢？第五、第六天，学生度过了一个周末，已经把上次作文的事忘得差不多了。突然，老师说“今天我们讲评上周的作文……”，这时学生已经没有什么激情了，草草看一眼分数或者等第，有的连老师辛辛苦苦写的评语都没有认真看一眼，更不用说老师所指出的问题和修改建议了。因为那个时候，学生作文的“火炉”已经熄火了，冰凉冰凉的了。心理学研究表明，人对事物都有一个期待期，过了期待期就失去了发自内心的好奇与向往，变得熟视无睹、漫不经心。学生刚写完作文时，总是最想知道自己的作文成绩，最想知道老师的评价。这个时候，如果不及时满足学生的这种心理期待，就会降低学生的作文热情。

事实上，我们常常以最快的速度赶批作文，把作文本带回家批改是语文教师的常事。可是一个班级有四五十篇作文，甚至更多，没有三四天时间是批不完的。我采取了一个比较简便的反馈方式，让学生始终保持对作文的期待与兴趣：学生完成作文的第二天，我随手挑一篇作文，在语文课上念上一段写得精彩的语句，做几句点评，然后让学生猜这是谁写的佳作。学生纷纷猜测，最后老师念出那个学生的名字，全班鼓掌祝贺。那位学生有如此经历，何愁没有作文的热情？其他学生也期待着下节课老师能念到他的作文，所以一整天都处在期待之中。第三天，我还是念一两篇，还是让学生猜一猜；第四天，还是如此。如此这般，学生一直期待下一次的惊喜，所以对这次作文始终保有一种强烈的期待。等到讲评的时候，就格外认真，对老师的评价读得格外仔细。因为，他们都在相互比较，暗自较劲呢！改变一下评价的方式，让学生保持对作文的“适当温度”，是对学生写好作文的情感支持。

七、教师下水

一个游泳教练，如果他自己都不会游泳，那么他无论怎么教，都难以教出高水平的游泳健将来。只有自己亲自去游泳了，才知道要领与技巧，才会教到点子上。同样的，语文教师如果自己不读书、不写作，就很难准确把握写作的秘密，很难真切体会写作的甘苦，更难理解写作文有困难的学生的特殊心境。有人说，有钱人很难体会穷人的苦处，聪明人很难体会笨人的难处。一个从来不写作的人，又怎么能体会到写作的种种难处与苦处呢？只有你自己去写了，才知道个中的滋味，才会对学生有一种发自内心的理解和同情。当然，你只有自己去写了，才知道写作的门径，才会有写作时的种种灵感，才会有笔下、口中的精妙语句。在对学生的作文做即兴点评时，你才会敏锐地发现其中精彩美妙的语句、词汇，才能够敏锐地发现需要修改的地方，并能及时作出恰如其分的修改。

一次，学生练习人物素描，要求是观察一个人的外貌，用准确的语句描述下来。一位学生这样描写我：“我们的语文老师瘦高个儿、小脑袋、大板牙、长脖子，背有点儿驼，四十多岁的人看起来像五十多岁了。”我问他：“你喜欢薛老师吗？”他说：“喜欢。”我说：“你用叠词写老师的特点，看有什么不同？”在我的即兴点拨下，那个孩子这样修改：“我们的语文老师个子高高的，身材瘦瘦的；小小的脑袋，智慧多多；一笑就露出两颗大板牙，傻傻的样子；长长的脖子，自以为像天鹅那样高雅；背有点儿驼，自嘲是一匹骆驼。工作的辛劳刻在了他的脸上、压在了他的背上，他看起来有点老。但不老的是那颗永远的童心。”其中的两个比喻、一个对比，都是在我的启发下修改完成的。试想，如果我没有下水写过自己的外貌，没有斟酌过叠词的表达效果，没有写作时的那种灵感，又怎么能指导学生平中出奇、化丑为美呢？

我坚持阅读、写作，并且经常将自己发表的文章拿给学生看，这不是炫耀，而是一种激励！不知不觉中，我的威信就比其他任课老师高了。学生上课时都凝神静听，尤其是在作文指导时，我所作的指点、所写的评语，学生会反复地看、反复地想。我们反对迷信权威、盲目崇拜，但是语文教师以自身的写作魅力赢得学生的尊敬与信赖，进而把学生引上热爱写作的康庄大道，实在是一种教学的智慧。这种智慧的名字就叫“影响”！

八、限时作文

大凡人都有惰性，不是火烧眉毛的事，往往会一拖再拖，不到最后一刻钟似乎永远都做不完。学生写作文，若不严格训练，也容易养成拖拖拉拉的习惯。我们在作文课上，讲的时间多，学生独立写作的时间少。加上有的学生课前没有做好充分的材料准备，到了下笔的时候，才临时抱佛脚，冥思苦想，写写停停，停停写写，像挤牙膏一样。这样写作文又怎么能体会到其中的快乐呢？

写作心理学表明，适度的紧张可以使人集中全部心智，激发出最大的潜能，达到最佳的写作状态。因此，在作文教学中，我采取一松一紧的策略，将学生调整到最佳的作文状态。在准备阶段，我和学生在轻松的对话情景中，或欣赏、评论老师念的范文，或讨论写好这次作文的要领、诀窍，或交流各自的素材、题目……学生无拘无束，自由发言，教师及时发现、肯定学生新颖的想法、巧妙的构思。通过恰当的点评，让学生进一步明确作文的主题思想、谋篇布局、表达方法等。而到了动笔写作的时候，我往往要求学生在限定的时间内快速完成作文。一开始，学生磨磨蹭蹭，我就用对比激励法："快的同学已经写了三行，慢的同学刚写了个题目!"学生马上加快速度；写到中途，又有些学生开始发呆，我就及时做提示："写不出的字，写不好的过渡，你就先跳过去，写自己心里最想写的话!"我在巡视的过程中，对有困难的学生做具体的辅导，有时甚至为学生做点睛之笔；临近结束时，会提示那些已经写好的学生及时默读修改，提示尚未完成的学生抓紧时间。学生经历了这样的限时作文，常常会对自己居然可以在这么短的时间内写出这么长的作文感到惊讶！紧张的作文过程，可以让学生获得一种"高峰体验"。而作文的内在动力，就源自学生这种积极的写作体验。限时作文，不但让学生养成了良好的作文习惯，而且还让学生获得一种写作文的内在动力。

准备越充分，动笔时就越顺畅。为了让学生有足够的时间准备作文素材，我在学期初就向学生公布这学期的作文题，并做详细的材料准备提示。学生可以提前写自己喜欢的作文题，也可以就难写的作文题向别人请教。如此，学生的作文积极性就被激活了，更重要的是，学生心里装着作文题，就会慢慢养成随时观察、随时发现、随时记录的好习惯。解除了一课写一文的束缚，学生会对作文产生无限的热情。课外生活的丰富，成就了课堂的精彩，学生在作文课上自然就能下笔成文了。

九、抱有希望

办公室的一位同事兴致勃勃地向大家宣布："今天放学后我请大家吃饭!"何喜？原来她本科自学考试最后一门功课正好考了60分，顺利毕业了！的确，完成学业可喜可贺。但如果我们的学生作文考了个60分，说他也要请客，你会向他道喜吗？在我们眼里，学生若考了60分，几乎等同于"差生"。我们评价学生的标准已经不是60分的合格线，而是90分甚至更高的优秀档。在学生的字典里，60分代表着失败与耻辱；而在我们成人的世界里，60分却成了幸运的代名词。

其实，对于某些孩子来说，写一篇60分的合格作文，并不是一件容易的事。多元智能理论告诉我们，人在语言表达方面有天生的差异，语感反应迟钝，或者言语智能弱势的孩子，要写同样一篇合格的作文，需要比别人付出更多的时间与精力。在这种情况下，60 分对于这些孩子来说，实在是一个了不起的奇迹！而对于言语智能占优势的孩子来说，或许写篇 90 分的优秀作文都不是一件难事。我们要看到孩子之间存在的差异，不要用一个尺度要求所有的孩子。我们要坚信：不是孩子不会写，而是孩子缺少足够的时间练习写。假使给予学生足够的练习时间，他也能达到合格的水平。这犹如我们学开汽车，运动技能强的人也许三天就会开车了，而运动技能弱的人要学 1 个月，甚至更长时间才勉强会开。但是，无论如何，只要这个人身体、智力正常，有足够的训练，就一定能达到合格的水平。学生学习作文也是如此，只要我们耐心地等待，迟开的花一样鲜艳！对学生，我们要永远抱有希望。

作文教学的方法与策略不胜枚举，我们不要奢望用一种或几种策略就能解决全部问题，也不要奢望穷尽所有的方法与策略，因为任何方法与策略都是伴随新的教学问题而产生的。不管使用哪一条策略，我们都要切合孩子的作文心理，让孩子自如地用自己的话语方式进行更规范的表达，而不是要孩子“邯郸学步”，患上“失语症”。让孩子成为孩子，这应是作文教学策略中的“策略”！

第四章　基于文本的读写结合策略

一直以来，我们都认为阅读是吸收内化，作文是倾吐表达，习惯性地将语文教学分为阅读教学与作文教学。其实，阅读教学中往往隐含着作文的基本训练，学生的作文学习从文本阅读活动中已经悄悄地起步了。且不说文质兼美的课文本身就隐藏着语言表达的“秘密”，就是阅读教学本身也预设了丰富多彩的语言表达实践活动，留下了学生一个个或深或浅的蹒跚作文的“脚印”。

基于阅读教学的作文训练有别于专项的作文教学，一般侧重于引导学生在阅读过程中随机学习文本的表达方法，获得表达的基本技能，练就语言表达的基本功夫。自觉地将作文教学策略融入阅读教学活动中，既能改变语文教学读写割裂的现状，又能提高学生读写生活的质量。作文教学从阅读起步，本身就是一种自然的学习状态。

一、语段听记

作文表达需要大量的语言积累，量变才能产生质变。而在阅读教学中，教师常常将时间花在让学生对重点语段进行感悟上，翻来覆去地问学生：“你悟到了什么?”似乎学生说不出教师心中的那个答案，就要永远“悟”下去。事实上，对于白话文的课文，学生多读几遍，含义大体上已经明了了，只是由于表达水平的局限，难以准确地表达而已，正所谓“葫芦里的饺子——倒不出”。阅读教学中缺的不是理解与感悟，恰恰是学生的语言积累，仅仅让学生背诵课后习题中规定的段落是远远不够的。小学阶段是人一生中记忆的“黄金期”。语文教材中精选了大量文质兼美的文章，其中不乏具有典范性的语段，在阅读教学中应及时地引导学生听记、默写，并通过诵读、体悟，留存在个人的语言仓库里，这对学生一生的发展都具有重要的意义。

教材中的《桃花心木》是林清玄的散文作品，语言清新优美，意蕴含蓄隽永，读来美不胜收。我在学生预习课文的基础上，教学一开始就组织学生听文中的一段话："在不确定中，我们会锻炼出一颗独立自主的心，不会依赖；在不确定中，我们会深化对环境的感受与情感的感知；在不确定中，我们会把很少的养分转化为巨大的能量，努力生长。"而后，我再让学生听写这段话，我在念这段话时突出了"独立自主、对环境的感受与情感的感知、很少的养分、巨大的能量、努力生长"5个关键词语，强化学生对语段的意义记忆，磨炼学生对语音的敏感性。通过听写、朗读、背诵，学生将这精美的语段连同作者的思想感悟一并留在了记忆深处。及至课文学完，我让学生说说本文的主旨，这个语段学生脱口而出；让学生写一段自己对生活环境的感受，学生自然而然地借用这个段落的表达结构。可见，学生听记语段的过程中，增强了倾听的意识，提高了短时记忆的能力，磨砺了语感，把握了结构，也促进了对语段意义的理解。而最重要的是，学生积累了蕴含丰富思想情感的语言材料，其内在的语言结构和表达规律，将会具有摄取作用，使学生语言学习与积累变得更为容易。

二、用词写话

一个六年级的学生所积累的词汇应该是相当丰富的，但是学生笔下的作文往往词语贫乏。请他描述自己的心情，他往往只会用"很高兴、很快乐"，而不能依据情境说出"喜悦、惊喜、激动、欣慰、轻松、愉快、欢愉"等更为丰富而准确的词语。每逢期末复习阶段，学生都会进行大量的词语抄写、默写练习，但所积累的词语都到哪里去了呢？量变怎么没有产生质变呢？研究表明，学生积累的词汇如果没有加以运用，就会变成消极词汇，词语积累就变成了记忆负担。所以，及时引导学生运用词语，丰富表达方式，是阅读教学的应有之义，也是作文训练的开端。

然而，有时对词语的运用却陷入了一个"造句"的误区。由于缺少教师切实的指导，学生用词造句就成了一件"苦差事"。

四年级《黄山奇松》课后有一个用词写话的练习，其中一个词语是"饱经风霜”。一个班级43名学生，几乎人人都写了这样一个句子：农民伯伯饱经风霜的脸上露出了丰收的喜悦。连教师本人都一时“造”不出三个不同的句子来，更何况是学生？用词写话，变成了生搬硬造，学生对词语的含义及运用范围没有透彻地理解，就难免“造”假句“编”谎言。如果教师加以细致的指导，学生就会遵循词语的运用规律，写出情真意切的真话来：①除了农民伯伯的脸是饱经风霜的，你还看到过谁的脸是饱经风霜的？他是做什么的？除了脸，这个人哪些地方看起来（听起来）也是饱经风霜的？②农民工、拾荒者饱经风霜，迎客松饱经风霜，还有哪些事物看起来也是饱经风霜的？③除了那些看得见的人、物可以用饱经风霜来形容，还有什么也可以用饱经风霜来形容？……如此，学生在教师的指导下，思路层层打开，饱经风霜这个词语的运用范围一下子变得具体，学生可以把握，用词造句就不再是一件难事了。

学生在教师的指导下，运用词语写“对”句子不难，要写“好”句子就难了。学生一般只求“对”不求“好”，这样就难以真正提高语言表达水平。三年级《小露珠》课后有一个练习，要求用“越来越……”写话。学生一下子就写出了类似“天上的云越来越多，雨下得越来越大，风刮得越来越猛……”这样正确的语句。但是，这样的造句训练是在学生已有水平上的简单重复。我在教学时发现每个例句中连用的两个“越来越……”是有内在规定性的：黎明的时候“（小露珠）越来越大，越来越亮”，两个“越来越……”是从形状和光泽两个不同的方面说明小露珠的变化；“太阳公公散发的热量越来越大，小露珠的身子也越来越轻了。”两个“越来越……”表明太阳公公变化了，小露珠也跟着变化了，两者的变化有因果联系。如此推敲，就能准确定位学生用词造句应达到的要求：观察生活中某个事物的哪几个方面发生了变化。哪些变化之间是有因果联系的？而后用“越来越……”描述事实真相。这样的造句指导才能促进学生思维能力和语言表达能力的同步发展，而不再是低水平的重复教学。

由此可见，用词写话的造句训练，一要准确把握词语的运用水平要求，要从求“对”向求“好”迈进；二要帮助学生打开思路，引导学生关注生活，写出情真意切的语段来，真正变“造句”为“写话”，写出自己的心里话。窃以为，学生在作文中写假话、空话、套话、废话，是从造假句子开始的，“造句”一旦成了习惯，就难免会“造作文”。

三、炼字对句

古诗文语言都很凝练，用字、用词讲究韵律，这与古代语文教学从对字、对句开始便对学生进行严格的训练有密切的联系。而古人作文，讲究起承转合，须先入格，即遵循严格的作文章法，在遣词造句方面尤其讲究精准，乃至精妙，力求字字珠玑。在阅读教学中，我们要有意识地训练学生品味字词之妙，以磨砺学生对语言的敏锐感。如《桂花雨》一文中，“桂花开得最茂盛时，不说香闻十里，至少前后左右十几家邻居，没有不浸在桂花香里的”。句中的“浸”字运用了通感的修辞手法，将看不见、摸不着的香气写得仿佛看得见、摸得着了。而文中“全年，整个村庄都沉浸在桂花香中”一句中的“沉浸”则表现了村民们相互赠送桂花做的食品，共享桂花带来的无限乐趣，寓情于香气之中。如此一品味，“浸”与“沉浸”的细微差别便一目了然，学生对词语的辨别就更真切与自觉了。如果粗略地读一读，很容易从语言的表面滑过去，语感便会逐渐钝化。

学生读完《桂花雨》，我便设计了一个写话练习：模仿文中母亲表达思乡之情的语句“桂花还是故乡的香”，写几个相似的句子。学生写的句子中出现了用字重复的现象，如“山还是故乡的绿”、“树还是故乡的绿”、“草还是故乡的绿”、“田野还是故乡的绿”，这几个语句中都用到了“绿”字。我引导学生仔细辨别事物之间的差异，选用了更为贴切的词语，且用词不再重复：树还是故乡的绿，草还是故乡的青，山还是故乡的秀，田野还是故乡的美。读来朗朗上口，如同 首小诗。还有一位学生写下了“鱼还是故乡的鲜，虾还是故乡的肥”，细细一琢磨，“鲜”与“肥”前后一调换位置，变成“鱼还是故乡的肥，虾还是故乡的鲜”更为贴切；而另一位学生即兴改成“鱼虾还是故乡的鲜，牛羊还是故乡的肥”则更为妥当。这样的训练最能激活学生的语言积累，让学生感受炼字的意趣。久而久之，学生就能养成作文时斟字酌句的严谨态度，文笔自然就会变得纯净而优美起来。

四、阅读批注

阅读教学中的阅读理解，包含两个方面：一是对文本思想内容的理解，二是对文本语言表达形式的理解。无论哪方面的理解，都是学生和作品作者之间的直接对话，教师仅仅是两者的“红娘”。在学生错读误解、漏读浅解的时候，做些必要的“介绍”，以增加学生对作品作者的了解，如此而已。过度的讲解就会替代学生的个性阅读、消解学生的独特体验。因此，不妨让学生在阅读时边读边做些阅读批注，将自己的阅读感受用简要的文字及时记录下来。这些批注既是学生阅读思考的结果，又可以展现学生阅读理解的心理过程，将阅读的“思维暗箱”变得可以看见，可以把握，有利于教学指导。

《大江保卫战》一文中，学生就有关“保大堤”的两个段落进行了自主阅读，并做批注。其中有一段感人的细节描写：“一咬牙，猛地把铁钉一拔，一股鲜血涌了出来。黄晓文随即从身上扯下一绺布条，三下两下把脚捆了个结实，二话没说，转身扛起地上的麻包，又爬上了大堤……”学生对此做了不同的批注：①感人！奋不顾身。②铮铮铁汉的代表。③和一般人受伤时的表现不一样，忍着剧痛，坚强、刚毅。④一连串的动作，干脆利落，毫不犹豫，体现了奋不顾身的精神。⑤三个“一”（一咬牙、一拔、扯下一绺）给我的感觉是迅速、果断，在关键时刻体现出英雄本色，很有力量感。⑥写一个人是“点”，写一群人是“面”……从这些批注中，我们分明看到了学生关注点的不同，有的关注语言文字所表现的思想、情感，有的关注语句用三个“一”增强气势，有的关注“点面结合”的写法等。这样的阅读批注体现了学生的阅读理解水平，而简要的词句最能体现学生的表达能力。

经常做阅读批注，学生就能养成潜心阅读、会心感悟的习惯，提高阅读品质，而其作文语言则会更加准确与凝练。批注既是对思想的丰厚，也是对语言的涵泳。

诚然，阅读教学中的作文训练策略远远不止上述几种，诸如类比迁移、结构仿造、情境会话、角色表达、思路延展等，都是行之有效的。只要我们真正将阅读教学与作文教学有机地融合起来，就能将作文教学中的难题在阅读教学中悄悄地破解。

第五章　基于健康阅读的命题策略

从 1984 年的全国高考语文试卷中第一次出现现代文阅读试题，至今虽然只有 30 年的时间，但是对阅读教学已经产生了重要的影响。阅读试题编制的日渐成熟，对于深化阅读教学研究、改善阅读教学起到了积极的作用，但也无法回避其带来的消极影响。阅读试题的内容指向、类型倾向、难易程度等直接左右着阅读教学，考什么就教什么，怎么考就怎么教。从某种程度上讲，阅读考试“绑架”了阅读教学，甚至改变了学生的阅读常态。谁也不会像做现代文阅读题那样去读书，而在阅读教学中教师却偏偏教给学生“作业式”的阅读方法。阅读教学脱离学生的阅读需要，使学生形成了贻害终身的纠缠字词、断章取义、错误解读、虚假阅读等阅读习惯。因此，为了学生能够健康地阅读，我们需要积极改进阅读试题的编制。

一、试题内容指向阅读能力

阅读考试的根本目的是检测学生的阅读能力水平，从而改进阅读教学。因而试题的内容及类型须指向学生的阅读能力要素，且能真实、准确地反映出学生的阅读能力水平状况。但事实上，我们的阅读试题水平往往取决于命题者的语文素养。命题者对学生的阅读能力要素及结构缺乏全盘的把握，造成试题内容偏离所要考查的核心阅读能力，变成语文知识的零碎堆积。例如，在《小学语文评价与测试手册》一书中刊有一份六年级语文毕业试卷，阅读理解部分是让学生阅读《挤油》，完成这样一组试题：

①在文中括号内正确的读音上打“√”。(1 分)

②联系上下文，推想词语的意思。(2 分)

③你读到这篇文章的题目时有什么问题？读完文章后你是怎么理解的？

（2分）

④用“______”画出具体写“挤油”这个游戏的句子。（1分）

⑤写三个像“入木三分”这样带数字的成语。（1.5分）

⑥你喜欢文中的数学老师，还是语文老师？为什么？（2分）

⑦请你介绍一种你们爱玩的游戏。（3分）

第1题考查认读字音，第2题考查推想词义，第4题考查信息搜寻，这三题共4分，仅占整组试题分值的30%；第3、5、6题均与阅读本文没有多大关系，第6题看似考查学生对人物的评判能力，但实质上这样的问题指向与文本的主旨“儿时的游戏之乐”相背离，对引导学生学会阅读文本没有实际意义；第7题则完全脱离了阅读材料，考查的是学生的表达能力。可见，占分值70%的试题内容不能真实地反映学生对于这一特定文本的阅读能力水平。

要厘清阅读能力要素及结构是一件非常困难的事，我国对阅读能力要素的划分不下几十种，难以达成一致。例如，章熊先生认为阅读能力包括认知和筛选的能力、阐释的能力、组合和调整能力、扩展能力；祝新华先生认为阅读能力包括认读能力、理解能力、吸收能力、速读能力、语感鉴赏能力。不管哪一种划分方法，都很难转化为具体的阅读试题，因此常常出现试题所要考查的能力要素不能清晰认定，有的试题考查到了几种能力要素，有的能力要素却难以通过纸笔测验来考查的状况。而国际通行的三种阅读评价“国际学生评价项目（PISA）、国际阅读素养进展研究项目（PIRLS）、美国国家教育进展评价（NAEP）”，将阅读能力要素界定为“获取信息（包括字面信息和隐含信息）、解释文本、反思与评价（包括形式和内容）”三项。这是完整的阅读心智活动中三种主要的智力动作，三者之间既有一定的相关性，又有相对的独立性。在编制试题的时候，三者能够较为清晰地区分开，使得每道试题的考查点比较明确，便于考试之后的解释和反馈。符合学生阅读心智活动规律的阅读考试就能比较真实、准确地测试出学生的阅读能力水平，也能促进学生阅读能力的健康发展。

二、试题材料取决于阅读目的

学生在生活中阅读到的文本材料各式各样，有文学作品，也有实用文章，如使用说明书、新闻报道等。不同的文体要用不同的阅读方法，选用不同文体的文本作为试题材料，可以测试出学生对不同阅读方法的运用水平。而我们的阅读试题所选用的阅读材料，几乎均以文学性作品为主，忽视了对其他文体的阅读考查。即使是文学作品的阅读考查，也往往不约而同地编制“你从这句话中感受到些什么?”“你读了课文想对某某说些什么?”这些所谓个性解读的试题。如《小学语文评价与测试手册》一书中，一篇《旅行鸽》在不同的试卷中都编制了这样一道试题：“你从旅行鸽的命运中联想到什么?用几句话写下来。”这样的试题直奔文本的主题，只要学生有点自己的想法，都可以写几句。无须运用阅读方法，也无须关注文本的言语形式。然语文学科有别于其他学科的显著标志就是言语形式，要求学生通过理解文章思想内容来掌握特定的表达形式。因此，文本言语形式是阅读考试的重心，这种试题却指向了语文之外，更多的是反映学生的生活认识水平，而非阅读理解力和语言感受力。

按照文体划分试题材料，有可取的一面，但也留有缺憾。学生在真实的生活阅读中，很少是按照文体来阅读的，更多的是根据自身的兴趣、爱好或需要来阅读。文章的体裁本来就是人为划分的，小学阶段“淡化文体”的目的就是要解放学生的思想，避免其在阅读、写作中被强烈的文体意识束缚住了思维。学生在真实的生活阅读中，接触到的阅读材料并不局限于各类文体，还有更为丰富的样式，比如地图、图示说明、表格等。

相对根据文体来选择试题材料，国际通行的三种阅读评价 PISA、PIRLS、NAEP 则根据阅读情境和阅读目的区分并选择试题材料。PISA 将阅读情境分为以下四类：为了个人应用而阅读，为了公共应用而阅读，为了教育而阅读，为了工作而阅读。相应地，阅读测试材料也分为四类，如“为了个人应用而阅读”，是为了保持或发展与他人的联系，或满足个人的兴趣需要而读书。阅读的材料一般包括个人信件、小说、传记以及为满足好奇心而阅读的信息性材料，这种阅读是休闲、娱乐活动中的一部分。PIRLS 区分出了两种不同的阅读目的：为文学体验或娱乐而阅读，主要目的是理解和欣赏文学性作品，阅读的材料属于文学型文本；为获取和使用信息而阅读，主要目的是了解周围的世界，阅读的材料属于信息型文本。按照阅读目的划分阅读材料符合学生的阅读常态，更加贴近学生的生活需要。尤其是 PISA 强调的表格、图表、地图等类型的阅读材料，是我们以往阅读试题中所忽视的，却是学生在生活中所常见的。这样的阅读试题植根于学生的生活，其价值取向是为了学生的现实生活和未来发展需要，而不是脱离现实生活需要的僵化、枯燥的语言知识。这样的阅读试题，才能促进阅读教学的健康发展。

三、试题难度建基于课程标准

不同难度的试题应检测出学生阅读能力的水平层级，但是阅读试题的难度往往很难把握，同一学段内不同年级的阅读试题难度常常很难区分。在《小学语文评价与测试手册》一书中，出现了这样雷同的命题：

三年级的阅读试题："请你用几句话夸夸豪猪先生。"

四年级的阅读试题："请你对短文中的'阿姨'说几句话。"

五年级的阅读试题："你对那位走上讲台、指出酒精浓度不够的同学有什么看法？请用几句话写下来。"

六年级的阅读试题："假如你是小云雀，你想对人类说些什么？"

上述 4 道试题，除了文本内容不同之外，试题的难易程度几乎没有什么区分。试题中既没有对字数的规定，又没有答题形式的要求，更没有思考路径及概括要点的具体要求，试题指向模糊，缺乏考试的信度与效度。如果将这样的试题移植到阅读教学中，就会造成学生的"浅读"，停留在原有水平，而不能促进学生阅读思维能力的发展。反之，过度的"深度解读"超出学生的年龄特点，也是不可取的。试题的难度应该以语文课程标准中学段阅读教学目标为依据，清晰地区分出阅读能力的层级水平，并根据布鲁姆认知维度的 6 个水平层级分别加以界定：记忆水平（再认与回忆）、理解水平（解释、举例、分类、概要、推论、比较与说明)、运用水平(执行与实施)、分析水平(区分、组织与归属)、评价水平(核查与评判)、创造水平(创新、计划与建构)。

学生在生活阅读中,除了有阅读难易度的问题,还有阅读速度的问题,而对阅读速度的考查在试题中往往很难体现。由于受到试题材料篇幅及试题量的限制,对阅读速度的考查常常被省略了。台湾、香港等地区的中文阅读考试则在题量上就体现出对学生阅读速度的要求。当然,如果能将阅读试题的难度要求与速度要求统一起来,就能更为准确地检测出学生的阅读能力水平,对于改进阅读教学及学生的常态阅读,都将有莫大的裨益。

促进学生的阅读能力生长及良好阅读习惯的养成,是现代文的阅读命题旨归。为健康阅读而命题,将会带来阅读教学的深刻变革。

下篇　组块教学课堂

远离生活的语文课堂必然缺乏学生鲜活的生命跃动，必然枯燥；脱离生活的语文教学必然缺乏学生真实的生活体验，必然肤浅。回归生活，关注生命，走进心灵，这才是活的语文课！

第一章　课堂教学实录

一、《我选我》教学实录

我选我①

李小青是我们班的劳动委员。前几天，他转到别的学校上学了。

今天开班会，林老师让大家补选一名劳动委员。选谁呢？教室里静悄悄的，大家都在想。突然，王宁站起来说：“我选我。”

大家都愣住了。林老师亲切地说：“王宁，说说吧，你为什么选自己？”王宁说：“我和李小青是好朋友。他爱劳动，爱集体。我要像他一样热爱劳动，关心集体。”

王宁的话刚说完，教室里响起一片掌声。

★ 选自人教版国标本小学语文教材第3册。

[教学实录]

{板块一}

师：黑板上有两组词语，谁会念？

生：（读第一组）补选、愣住、亲切、掌声。

师：老师没教，你都念对了！掌声！（生鼓掌）小朋友，老师没有教，

---

① 本文作者为李大同。

你怎么就会念了？

生：是宋老师让我们自己读的。

师：你们宋老师真好！这位小朋友有个好习惯，在上课前就预先读了课文，把生字词都读正确了。这样的习惯叫预习！预习过的小朋友请举手。（生纷纷举手）

师：非常好！再看这一组词语，谁会读？

生：（读第二组）委员、集体。（“班级”不会念）

师：哦，没关系。（对同桌学生）请你接着读。

生：（接读）班级、教室。

师：好！掌声！（生鼓掌，师面向不会念的学生）现在请你读。

生：委员、集体、班级、教室。

师：读对了，掌声！（生鼓掌）你认为最应该感谢谁？

生：最应该感谢蒋心怡。

师：蒋心怡是谁？

生：蒋心怡是我的同桌。

师：给他们掌声。（生鼓掌）如果自己不会读，可以请同桌帮忙。

（生熟读两组词语）

师：课文中的生字生词都要读熟，读熟了我们才能够把课文读正确、读流利。这里有个词，“委员”，我们班级有哪些委员啊？

生：体育委员。

生：劳动委员。

生：文艺委员。

生：学习委员。

生：语文委员，数学委员。（众笑）

师：这叫“课代表”。

师：这些课代表都归哪个委员领导？

生：学习委员。

师：现在啊，谁来介绍一下我们班的这些委员分别是谁？介绍时要声音响亮，落落大方。

生：我们班的体育委员是蔡子文。

生：我们班的文艺委员是丁毅。

生：我们班的学习委员是唐玉文。

生：我们班的劳动委员是蒋心怡。

师：现在谁能把这 4 个委员一口气介绍下来？

生：我们班的体育委员是蔡子文。我们班……

师：这个“我们班”就不要了，大家都知道是我们班的。

生：劳动委员是蒋心怡，体育委员是蔡子文，学习委员是唐玉文。

师：掌声！（生鼓掌）

生：他刚才漏了一个，我们班还有一个体育委员是沈晨杰。

师：有两个体育委员是不是啊？

生：一个是中午放学的，一个是晚上的。

师：你把话讲清楚。

生：沈晨杰是我们班的体育委员，他是负责中午放学排队的；蔡子文也是我们班的体育委员，他是负责晚上放学排队的。

师：放学一般都是在傍晚，晚上就太晚了。这样就把话说清楚了！

生：刚才那个同学说的时候，漏了一个我。

师：哦，漏了一个你吗？那你给大家做个自我介绍，来！

生：我是我们班的文艺委员，叫丁毅。

师：掌声！（生鼓掌）怎么能把丁毅忘掉了呢？小朋友，刚才我们学习的方法，叫介绍；丁毅小朋友自己介绍自己，叫“自我介绍”。现在，小朋友们向老师介绍一下你的同桌、朋友吧！

生：我们的小班主任是夏雨轩。

生：我们班还有一个小班主任是唐玉文。

生：我们班还有一个小班主任是沈真甜。

师：这么多小班主任？（众笑，师指一个学生）他叫什么名字啊？

生：黄依晨。

师：黄依晨是谁？

生：黄依晨是我的同桌。

师：很好，再大声说一遍！

生：黄依晨是我的同桌。

师：很好，请坐！（师指另一个学生）你介绍一下他。

生：顾沈叶是我的同桌。

师：（指另一个学生）他是谁？

生：他是新来的。（众笑）

师：叫什么名字？

生：不知道。（众笑）

师：你们两个坐在一起多长时间啦？

生：没几天。

师：哦，同桌几天了都没有做过介绍吧？来，你来给同桌自我介绍一下。

生：我叫蔡世燕，是你的同桌。

师：你愿意和你的同桌做朋友吗？

生：我愿意和他做朋友。

师：（面向蔡世燕的同桌）你愿不愿意啊？

生：愿意。蔡世燕是我的同桌，我愿意和她做朋友。

师：现在终于认识了，握握手。你看，介绍多重要啊！小朋友们要记住啊，既要学会自我介绍，也要学会把自己熟悉的同学、朋友向他人介绍。如果我们彼此之间谁也不关心谁，相处了几天也不知道对方的名字，那么我们学习的这个地方只能叫作——

生：教室。

师：如果知道对方就是你的同学、同桌，我们学习的这个地方才称为——

生：班级。

师：如果我们把彼此当成朋友，甚至是好朋友的时候，这个地方就叫——

生：集体。

师：我们最爱的是——

生：集体。

师：我们也爱自己的——

生：班级。

{板块二}

师：今天我们学习一篇课文，题目叫《我选我》，讲的是一个班级补选劳动委员的故事。想听老师读吗？

生：想。

师：（朗读课文）我选我。李小青是我们班的劳动委员。前几天，他转（zhuàn）到别的学校上学了……（生纷纷举手）干什么举手啊？

生：是转（zhuǎn），您读成转（zhuàn）了。

师：为什么一定要念转（zhuǎn）呢？

生：转（zhuǎn）的意思是从一个地方到另一个地方。

师：对了！从一所学校换到另一所学校读书，这叫“转学”。不是转（zhuàn），转来转去那就转错方向了。好，那么老师更正一下，再来读第一自然段：“李小青是我们班的劳动委员。前几天，他转到别的学校上学了。”（生鼓掌）

师：谢谢！老师继续往下读第二自然段：“今天开班会，林老师让大家选一名劳动委员……”（生纷纷举手）又怎么啦？

生：您忘了读“补选”的“补”。

师：反正就是选出一名劳动委员嘛，意思差不多啊？

生：如果您没有添上“补”这个字的话，就没有“补”上一个劳动委员了。

师：什么意思？

生：因为前面少了一个劳动委员，所以有漏洞要补上去呗。（众大笑）

师：劳动委员不是漏洞，叫缺额。缺了一个劳动委员，所以要“补上”。

生：因为李小青转到别的学校去了，他是劳动委员。他走了之后，没人当劳动委员了，所以要重新再选一位劳动委员。（众鼓掌）

师：她说得多明白啊！你叫什么名字啊？

生：蔡堂业。

师：我选你当学习委员。（众笑）

师：看来，有没有“补”字，意思千差万别啊！读书一定要仔细。老师重新再读："今天开班会，林老师让大家补选一名劳动委员。选谁呢？教室里静悄悄的，大家都在想。突然，王宁站起来说：'我选我。'"（生鼓掌）

师：谢谢小朋友们！（师继续读第三自然段）"大家都愣住了。林老师亲切地说：'王宁，说说吧，你为什么选自己？'"（生笑，迫不及待地举手）

师：笑什么？

生："亲切地说"应该是"笑眯眯地说"，您这是"很凶地说"。

生：上面写的是"亲切地说"，但是您这样叫"恶狠狠地说"。

师："亲切"和"恶狠狠"的语气不一样，语态也不一样。

生："亲切"应该像花儿一样笑眯眯的，而"恶狠狠"就像老虎一样。

师：小朋友看到这些词的时候，脑海里都有形象了，真好！

生：如果您不这样读的话就不亲切了。

师：我应该怎么读？

生：您应该笑眯眯地读。

师：哦，好的。那请你示范一下好不好？

生：（笑眯眯地、亲切地）王宁，说说吧，你为什么选自己？

师：不但亲切而且还很可爱。哪个小朋友再来示范一下？

生：薛老师，这个林老师是女的吗？

师：林老师是男是女都没关系，反正他就"亲切地说"。（众笑）

生：（很投入地朗读）王宁，说说吧，你为什么选自己？

师：林老师即使是男的也那么亲切。（众笑）好，老师接着往下读："大家都愣住了。林老师亲切地说：'王宁，说说吧，你为什么选自己？'王宁说：'我和李小青是好朋友。他爱劳动，爱集体。我要像他一样热爱劳动，关心集体。'王宁的话刚说完，教室里响起一片掌声。"（生热烈鼓掌）

师：老师读错了三个地方，读错了一个字，漏掉一个字，还有一句话的语气语调读错了。小朋友们，你们能不能读得比老师好？

生：能！

师：每个小朋友练习读两遍。第一遍要读得慢一点，看仔细、读正确；第二遍可以读得快一点，读流利一些。

生：（自由朗读，略）

{板块三}

师：谁愿意来读课文？

生：（读）李小青是我们班的劳动委员。

师：题目呢？

生：（读）我选我。李小青……

师：在题目和正文之间要有停顿，两个“滴答滴答”。

生：（读）我选我。（停顿）李小青是我们班的劳动委员。前几天，他转到别的学校上学了。今天……

师：在小节与小节之间也要停顿，“滴答滴答”。

（生继续朗读，师在自然段之间做“滴答滴答”的停顿提示，略）

师：掌声，掌声！（生鼓掌）这位同学读得很流畅，但要注意停顿，这样会读得更好，掌声会更热烈。谁还想读？

生：（读）我选我。滴答滴答。（众大笑）

师：这个“滴答滴答”要放在心里数，知道吗？读出来就成挂钟了。（众大笑）

生：（读）我选我。李小青……（很有感情地朗读课文，略）

师：你读得真好！你叫什么名字啊？

生：我叫丁毅。

师：掌声！（生热烈鼓掌）课文读完了，你们有问题吗？

生：为什么王宁的话刚说完，教室里就响起一片掌声？

师：对啊！刚才丁毅刚读完课文，教室里也响起一片掌声。你们想用掌声表示什么呢？

生：表示他读得好。

生：（纷纷地）表扬他、鼓励他、肯定他、赞扬他……

师：掌声代表了我们对某一个人的态度。王宁的话刚说完，小朋友们就都鼓掌了，这个掌声表明小朋友们对王宁的什么态度呀？

生：对王宁的信任。

师：为什么信任呢？

生：因为王宁说他很热爱劳动，关心集体。

师：有这样的好思想，所以大家都信任他。

生：大家都支持他当选劳动委员。

生：王宁很勇敢，自己选自己。

生：很佩服王宁，他很有自信。

生：要向他学习，爱劳动，爱集体。

师：劳动委员是班干部，王宁选自己是不是想当个干部，光荣光荣啊？

生：不是的，他是要像李小青一样热爱劳动，关心集体。

师：对啊！劳动委员要——

生：热爱劳动，关心集体。

师：那么，学习委员呢？

生：热爱学习，关心集体。

师：体育委员呢？

生：热爱体育，关心集体。

师：班长呢？

生：热爱班级，关心集体。（众笑）

师：为了集体，我们每个人都要贡献自己的力量。我们要有勇气说——

生：我选我！

二、《燕子》教学实录

燕子①

一身乌黑光亮的羽毛，一对俊俏轻快的翅膀，加上剪刀似的尾巴，这就是活泼机灵的小燕子。

① 本文作者为郑振铎。

二三月间，微风轻轻地吹拂着，毛毛细雨从天上洒落下来。千万条柔柳展开了鹅黄色的嫩叶。青的草，绿的芽，各色鲜艳的花，都像赶集似的聚拢来，形成了烂漫无比的春天。小燕子从南方赶来，为春光增添了许多生趣。

在微风中，在阳光下，燕子斜着身子在天空中掠过，“唧”的一声，已由这边的稻田上，飞到那边的柳树下了；还有几只横掠过湖面，剪尾或翼尖偶尔沾了一下水面，那小圆晕便一圈一圈地荡漾开去。

几对小燕子飞倦了，落在电线上休息。在蓝天的映衬下，电线杆之间连着的几痕细线，多么像五线谱哇。停着的燕子成了音符，谱出一支春天的赞歌。

★ 选自苏教版小学语文教材第 8 册。

[教学实录]

{板块一}

（师板书课题：燕子）

生：（齐读）燕子。

师：课文中有一些生字词，（出示第一组词）谁会读？不会读的同学请认真听其他同学读。

生：（读）微风、掠过、稻田、翼尖、荡漾。

师：很了不起！老师没有教，你已经会读生字新词了。你养成了预习的好习惯，请坐！现在谁会读了？认真倾听的同学都应该会读了。

（生再读）

师：真不错，只听了一遍就会读了。现在，会读的请举手！（生纷纷举手，师面带微笑，以赞许的目光环视）

师：好的，我们一起来读一下。（师范读，生整体跟读）

师：再看这一组词，（出示第二组词）谁会读？

生：（读）沾、小圆晕（yūn）、电线杆、几痕细线。

师：还不错，四个词里面读对了三个。有一个字音要纠正一下。“晕”念第四声，再读一下。

（生再读）

师：不错，请坐！现在会读的请举手。（生纷纷举手，师面带微笑，以赞许的目光环视）

师：真好！我们一起读！

（生齐读）

师：这些生字当中有两个字是多音字，我们看一下第一个，（出示“晕”及相关词语）这个“晕”还有一个音念“yūn”，看一下后面的几个词语，你读读看，到底念“yùn”还是念“yūn”？

生：晕（yūn）倒，晕（yūn）头转向。

生：月晕（yùn），晕（yūn）车。

师：“月晕”读对了。我们一般都说是“晕（yūn）车”，其实不念“晕（yūn）车”，念“晕（yùn）车”。“晕（yùn）车”、“晕（yùn）船”，念“yùn”。

生：（齐读）晕（yùn）车。

师：看第二个多音字，（出示“杆”及相关词语）“杆”还有一个音念“gǎn”。看看后面的三个词，是念“gān”还是念“gǎn”呢？

生：旗杆（gān），一杆（gǎn）枪，枪杆（gǎn）。

师：都读对了！我们一起读一读。

（生齐读）

师：如果我们遇到一些多音字，你又拿不准念什么音的时候，该怎么办？

生：查字典。

生：问老师。

师：课文中的生字词，要念正确。课文中还有这样一些词组，（出示词组）你们会读吗？能不能读好？

生：乌黑光亮的羽毛，俊俏轻快的翅膀。

师：读对了，但不够好。想一想是怎样的羽毛？怎样的翅膀？羽毛美吗？翅膀美吗？体悟到了就能读得好。

（生再读）

师：听到了吗？读得多好啊！读的时候，这些词组重音落在哪一个字上？落在哪一个词上？要仔细体会，再听一遍。（师范读，生聆听后跟读）

师：（出示词组）会读吗？

生：剪刀似的尾巴，活泼机灵的小燕子。

师：节奏再快一些。（师范读，生跟读，略）

师：课文中，出现了很多像这样清新优美的词组。下面我们打开课本，大声地读一读，感受一下《燕子》这篇文章。

（生自由朗读，略）

{板块二}

师：这篇课文写了燕子的哪些方面呢？请你一个自然段一个自然段地读，一个自然段一个自然段地想，看看每个自然段分别写了燕子的哪一个方面？再用一个恰当的词语来概括一下，写在这个自然段的后面。（师板书：1、2、3、4）

（生默读后概括段落大意。师巡视，先后让三个学生将自己的概括写到黑板上）

师：现在我们来交流一下，看一看同学们都用了哪些词语来概括。看黑板，这里有三位同学概括的词语。先看第一自然段，第一位同学用了一个什么词？

生：外形。

师：第二位同学用了什么词？

生：燕子的长象。

师："长相"的"相"（圈出"象"）不是"大象"的"象"，是"相貌"的"相"。

师：第三位同学用了什么词？

生：模样。

师：三位同学用了不同的词语，但是都概括出这段写的是燕子的样子。

老师告诉你，“长相、模样、外形、样子”这些词语都不错，但我们形容鸟的样子，可以用一个最恰当的词，叫——

生：外形。

师：对，这个词最恰当。那么如果形容一个人的样子，用什么词最恰当？

生：长相。

生：模样。

生：相貌。

师：都对！和“外形”对应起来的一个词，叫“外貌”。第一自然段写的就是燕子的外形。写对的举手！

（生纷纷举手，师面带微笑以赞许的目光环视）

师：第二自然段同学们用了三个词来概括，大家读一下。

生：（齐读）赶来，春天的景色，回来。

师：其他同学还有没有用别的词概括的？

生：飞回来。

生：我写的是“燕子的习性”。

师：什么叫习性啊？

生：就是生活的习惯。

师：就是生活的规律，是吧？嗯，他用了“习性”这个词，不错！（板书：习性）那么这个自然段到底是写“赶来”呢，还是写“春天的景色”呢，还是写“回来”呢，还是写“习性”呢？我们再来仔细读一读第二自然段。（出示第二自然段）

师：请你们一句话一句话地读，想一想每一句话写的是什么事物。

（生齐读第一句）

师：写了哪些事物？

生：微风，细雨。

师：第二句呢？

（生齐读第二句）

师：写了哪些事物？

生：柔柳，嫩叶。

师：第三句？

（生齐读第三句）

师：写了哪些事物呢？

生：青的草……

师：简称？

生：青草。（师以此引导学生概括出绿芽、鲜花、烂漫无比的春天，略）

师：注意这一句里有一个词语。（出示词语）读！

生：（齐读）赶集。

师：什么叫"赶集"？

生：上街。

师：上街叫赶集？我今天去上街了，能说我是去赶集了吗？

生：急匆匆地上街。

师：急匆匆地？哪个字是这个意思？

生：赶。

师：对！那一个人急匆匆地上街叫赶集吗？

生：很多人。

师：对了，很多人，大家在约定的时间急匆匆地往集市上去，这样的情景叫——

生：（齐读）赶集！

师：（指一个学生）你有要补充的吗？

生：上学要迟到了。

师：什么意思啊？

生：上学马上就要迟到了也叫赶集。（众笑）

师：那不叫赶集，叫赶"学"。但是他表达了一个意思：生怕迟到。所以他用了一个什么字？

生：赶。

师："赶"有担心迟到、争先恐后的意思。想象一下赶集时的情景是什么样的？

生：热热闹闹的，还有许多讨价还价的声音。

师：人声鼎沸。

生：是热闹非凡的。

生：人山人海的。

师：（出示句子）读！

生：（齐读）像赶集似的聚拢来。

师：课文中是讲谁去赶集啊？（生没有找到思路）自己再读一读。

生：青草，绿芽，鲜花。

师：它们像人一样跑着去的吗？

生：不是。

师："青的草，绿的芽，各色鲜艳的花，都像赶集似的聚拢来"，这和人们去赶集有什么相同的地方？

生：都很多。

生：都很急。

生：都是赶出来的，赶到那边去了。

师：赶到哪边去了？

生：（一时答不上来）赶到该赶的地方去了。（生笑）

师：草长出来了，到哪个地方去了呢？到了春天里！芽发出来了，鲜花盛开了，都"像赶集似的聚拢来"，都到了春天里啦！

生：（齐读）像赶集似的聚拢来，形成了烂漫无比的春天。

师：（出示句子）前面三句话写了哪些事物？

生：（齐读）微风，细雨，柔柳，嫩叶，青草，绿芽，鲜花，春天。

师：前面的事物跟春天有什么关系？

生：这些事物都是写春天的。

生：写的都是春天的景色。

师：对！这一小节还有一句话。

（生齐读最后一句话）

生：这句话写的是小燕子赶来了。

生：（补充）从南方赶来了。

师：对，燕子是冬天去了南方，到了春天又从南方飞回来。冬去春来，这是燕子的生活习惯，它属于候鸟，这就是候鸟的习性。它是在什么时间从南方赶来的？

生：春天。

师：所以这一小节写的是燕子在春天从南方赶来。应该写两个关键词：春天和赶来。

师：下面同学有没有这样概括的？（没有学生举手）

师：很遗憾。注意，像这样的段落，写了两层意思，我们要把两层意思归纳在一起，用一句话来概括。明白吗？

生：明白！

师：好的。下面我们看第三自然段，（对照板书）同学们用了哪些词？

生：（齐读）飞行，燕子飞行的样子，习惯。

师：这一小节写的是燕子在天空中飞行，第一位同学用“飞行”概括得非常正确。（板书标出）第二位同学用“燕子飞行的样子”来概括。注意，燕子的外形也叫样子，能不能把“样子”换个词？（圈出“样子”）用个什么词最恰当？

生：姿态。

师：这个词好！（板书：姿态）

师：最后一位同学说是“习惯”。燕子不飞它还叫燕子吗？（圈出“习惯”）所以这个词概括得不是很准确。

师：第四自然段同学们用了哪些词？

生：（齐读）休息，休息时的样子，落在电线杆上休息的样子。

师：“落在电线杆上休息的样子”，这个“样子”也可以用一个词来概括，是哪个词？

（生一下子答不上来）

师：这个样子也是一种姿态。它休息时的姿态，它停在电线杆上的姿态。

师：同学们，我们读一篇课文，想读懂它就要学会概括。学会用准确的词语、用准确的句子来概括。

（生默读课文，略）

{板块三}

师：谁能看着板书，用一句话概括这篇课文写了什么？

生：先写了燕子的外形，然后写小燕子在春天从南方赶来了，还写了它在赶来的路上飞行的样子和它飞倦了休息的姿态。

师：如果老师就写了这样一句话作为一篇文章给你看，你喜欢看吗？

生：不喜欢，因为太简单了。

生：不喜欢，因为不生动。

生：太单调了。

师：这篇课文把燕子的外形、春天的景色、燕子飞行及停歇时的姿态写得具体生动形象，很有情趣。下面我们自己轻声地读一读，感受一下。

（生自由朗读课文）

师：你们感觉到燕子的外形怎么样？用一个词来概括。

生：乌黑光亮。

师：黑得光亮了，你觉得它黑得美吗？

生：好像有点美。

师：外形美！那春天的景色呢？

生：迷人。

生：美！

师：飞行的姿态？

生：美！

师：停歇时的姿态？

生：美！

师：你心里的滋味？

生：美！

师：你看，多美啊！外形是美的，春光是美的，飞行姿态是美的，休息时的姿态也是美的。如果就用一个“美”来概括，你满意吗？

生：不满意！

师：作者是怎样把燕子各种不同的美描写出来的，让我们觉得那么具体、生动、形象呢？先看第一自然段的外形之美。

生：（齐读）一身乌黑光亮的羽毛，一对俊俏轻快的翅膀，加上剪刀似的尾巴，这就是活泼机灵的小燕子。

师：我们平时只注意课文写了什么，很少注意作者是怎么写的。现在你要用眼睛去发现他是怎么写的。

生：作者用了“乌黑光亮”、“俊俏轻快”、“剪刀似的”、“活泼机灵”等词语概括小燕子的外形特点。

师：他注意到这些描写小燕子外形特点的词语特别优美。

生：作者写燕子身上每一样东西都是用不同的词语来形容的。

师：燕子身上的每一个部位都写了吗？

生：写了燕子的羽毛、翅膀，还写了尾巴，然后再是整体。

师：燕子还有头，有眼睛，有爪子，为什么不把这些也写下来呢？

生：作者是抓住特点来写的，所以不是每样都写。

师：对啦！这就是抓住特点。样样都写就显得很啰唆。一啰唆还美吗？

生：不美了！

师：所以我们说，写一个事物，不管是一只鸟，还是一个人，都要抓住特点来写。比如说薛老师，你们看看我的外貌，可以抓住哪些特点来写啊？有一个同学是这样写的，他用了四个词，“瘦高个儿，骆驼背，小脑袋，大板牙”。（生大笑）

师：抓住了几个特点啊？

生：四个。

师：形象吗？

生：形象。

师：美吗？

生：不美。（众大笑）

师：怎么就不美呢？

生：写得很有趣。

师：不美但是很有趣。谢谢。（生笑）这叫抓住特点。作者写燕子不但抓住了特点，而且写出了它的美。美在哪里呢？主要就在于那些形容的词语。我们来读读，作者怎么形容它的羽毛啊、翅膀啊、尾巴啊。（师出示词组，生跟读）

生：（齐读）乌黑光亮的羽毛，俊俏轻快的翅膀，剪刀似的尾巴，活泼机灵的小燕子。

师：你看，它的羽毛用了“乌黑光亮”来形容，如果写成“黑糊糊的羽毛”，还美吗？

生：（摇头）不美了！

师：同样写黑，但“黑糊糊”用在这里就不美了。“剪刀似的尾巴”是美的，“树杈似的尾巴”还美吗？

生：（笑）不美！

师：所以不但要抓住特点，还要用优美的词语来形容、来描写，词语有多美，你描写的形象就有多美！（板书：用词优美）读一下。

生：用词优美。

师：同样写薛老师，如果这样一改，你们觉得美不美？“高高瘦瘦的个子，微微有点驼的后背，小小的脑袋，两颗兔牙总想出人头地。”

（生大笑）

师：形象吗？

生：形象！

师：所以，用优美的词语来形容、来描写非常重要。好，我们一起来读一读作者抓住特点，用优美的词语所描写的燕子。

（生齐读第一段）

师：你们还要注意这些词语的结构，这几组词字数都是差不多的，结构都是相同的，所以读起来很有节奏感，你看！（师范读）朗朗上口，便于记忆，也便于背诵。你能背吗？

生：能！

师：好，自己练习背背看。（生练习背诵，师巡视）

师：能背的同学请举手。（生纷纷举手，师面带微笑以赞许的目光环视）

师：老师也能背。听好，不多字、不漏字、不错字。看看老师能不能背

下来，好吗？（师示范背诵，故意漏了“小”字）

生：是“小燕子”！

师：漏了这个“小”，不要紧吧？

生：要紧！

师：谁说要紧的？

生：漏了那个“小”，燕子就不可爱了。

师：“小家伙”可爱吗？

生：可爱！

师：“家伙”可爱吗？

生：（笑）不可爱！

师：“小鬼”可爱吗？

生：可爱！

师：“鬼”可爱吗？

生：（大笑）不可爱！

师：“宝贝”可爱吗？

生：可爱！

师：“小宝贝”可爱吗？

生：更可爱！

师：这个“小”字表达了作者对燕子的什么感情啊？

生：喜爱。

师：好。现在我们带着这种感情一起来背一背。

（生齐背）

师：你看，课文抓住燕子的特点，用了优美的词语来写燕子的外形之美。课文中还有这样优美的词语，请你轻轻地读一读第二、三、四自然段。你觉得哪一个词、哪一个句子，它描写的美是很独特的，就用笔把它画下来，并体会一下作者为什么这么写。

（生默读，略）

{板块四}

师：现在，我们来交流一下。交流的时候，你先读一读自己觉得写得很特别的句子，然后从怎么写的角度说说你的想法，说说你发现了什么。

（生稍显胆怯）

师：以前没有说过，是不是啊？说一个字也行，说一句话也行。谁愿意第一个来试试？

生：（读）“二三月间，微风轻轻地吹拂着，毛毛细雨从天上洒落下来。”这句话抓住了春雨的特点。

师：虽然你的声音很轻，但是你说得很好，抓住了春雨的什么特点？

生：细。

师：多准确呀！抓住了春雨的特点：毛毛细雨。多好呀！这叫会发现，这叫用词优美。哗啦啦的大雨美不美啊？（生笑）就不美了。

生：（读）“停着的燕子成了音符，谱出一支春天的赞歌。”我觉得这个句子是一个比喻句，把燕子比喻成了音符。感觉燕子好像会唱歌，在赞美春天。作者流露出了对春天与燕子的爱和赞美之情。

师：（惊喜的）你真的会发现了！作者用比喻句描写燕子停歇时的姿态。如果你眼前有一只燕子，你会把它比喻成音符吗？

生：不会。

生：电线杆上的那几痕电线就像五线谱一样，燕子停在上面，从远处看就像是音符似的。

师：若放在眼前看，还会是一个音符吗？从远处看，就像一个一个小黑点，就像音符了。但是如果我心里很郁闷、很痛苦，然后抬头一看，嫩蓝的天空中有几痕细线，有几个小黑点，我会感觉这几个小黑点像什么？

生：就不一定像音符了。

师：为什么？

生：因为心情不好就不会喜欢燕子了。

生：心情郁闷就不会想到音符了。

师：是啊，这与作者对燕子的感情是联系在一起的。你带着喜爱的感情读一读，体会一下。

生：（读）停着的燕子成了音符，谱出一支春天的赞歌。

生：“小燕子从南方赶来。”这句话写得很有意思。

师：有一个字用得特别好，是哪一个？

生：“赶”，很急的样子。

生：（读）“还有几只横掠过湖面，剪尾或翼尖偶尔沾了一下水面，那小圆晕便一圈一圈地荡漾开去。”前面的燕子斜着身子在天空中掠过，后面赶来的只是横掠过湖面。“掠”说明它们速度很快。

师：这个发现真了不起！燕子就是“飞”，为什么这里却用了个“掠”？

生：就是说它飞行速度非常快。

生：写了两种“掠”。一种是斜着身子，一种是横掠过湖面。写的飞行姿态各不相同。

生：而且姿态非常优美。

师：斜着掠过、横着掠过，姿态都很优美。这句话还有写得特别好的地方：作者不直接说它飞得很快，却让你感觉到了快！

生：“‘唧’的一声，已由这边的稻田上，飞到那边的柳树下了”，说明它刚刚叫了一声就从这边到那边了，速度非常快。

师：还有一个地方写燕子飞得快的，却不直接说它快。你发现了吗？

生：（读）“还有几只横掠过湖面，剪尾或翼尖偶尔沾了一下水面，那小圆晕便一圈一圈地荡漾开去。”刚刚沾一下水面就立刻飞走了，小圆晕才会那么快荡漾开来。

师：小圆晕见过吗？

生：见过。

师：你把一粒小石子扔进湖面，水波就会一圈一圈地荡漾开来。小圆晕给人留下了韵味无穷的美感。读一读第三自然段，感受一下。

（生自由朗读第三自然段）

师：同学们，这篇课文抓住了燕子的特点并用优美的词语来描述燕子，也表达了作者一种喜爱的感情。这样优美的文字值得我们朗读、背诵，留在自己的心里。课后好好地读一读这篇课文，把它背下来，好吗？

生：好！

师：这篇课文选自郑振铎的一篇散文，叫《海燕》。你们去读读，相信会有更多收获。

三、《和时间赛跑》教学实录

和时间赛跑①

读小学的时候，我的外祖母去世了。外祖母生前最疼爱我。我无法排除自己的忧伤，每天在学校的操场上一圈一圈地跑着，跑得累倒在地上，扑在草坪上痛哭。

那哀痛的日子持续了很久，爸爸妈妈也不知道如何安慰我。他们知道与其欺骗我说外祖母睡着了，还不如对我说实话：外祖母永远不会回来了。

“什么是永远不会回来了呢？”我问。

“所有时间里的事物，都永远不会回来了。你的昨天过去了，它就永远变成昨天，你再也不能回到昨天了。爸爸以前和你一样小，现在再也不能回到你这么小的童年了。有一天你会长大，你也会像外祖母一样老，有一天你度过了你的所有时间，也会像外祖母一样永远不能回来了。”爸爸说。

爸爸等于给我说了一个谜。这个谜比“一寸光阴一寸金，寸金难买寸光阴”还让我感到可怕，比“光阴似箭，日月如梭”更让我有一种说不出的滋味。

以后，我每天放学回家，在庭院里看着太阳一寸一寸地沉进了山头，就知道一天真的过完了。虽然明天还会有新的太阳，但永远不会有今天的太阳了。

① 本文作者为林清玄。

我看到鸟儿飞到天空，它们飞得很快呀。明天它们再飞过同样的路线，也永远不是今天了。或许明天飞过这条路线的，不是老鸟，而是小鸟了。

时间过得飞快，使我的小心眼里不只是着急，还有悲伤。有一天我放学回家，看到太阳快落山了，就下决心说："我要比太阳更快地回家。"我狂奔回去，站在庭院里喘气的时候，看到太阳还露着半边脸，我高兴地跳起来。那一天我跑赢了太阳。以后我常做这样的游戏，有时和太阳赛跑，有时和西北风比赛，有时一个暑假的作业，我十天就做完了。那时我三年级，常把哥哥五年级的作业拿来做。每一次比赛胜过时间，我就快乐得不知道怎么形容。

后来的二十年里，我因此受益无穷。虽然我知道人永远跑不过时间，但是可以比原来跑快一步，如果加把劲，有时可以快好几步。那几步虽然很小很小，用途却很大很大。

如果将来我有什么要教给我的孩子，我会告诉他：假若你一直和时间赛跑，你就可以成功。

★ 选自人教版国标本小学语文教材第6册。

[教学实录]

{板块一}：词串学习

师：课文中有这样三组词语，会读的小朋友请举手。（出示：忧伤、哀痛；着急、悲伤；高兴、快乐）

（生读第一组：忧伤、哀痛）

师：你读得真好！这是一种心情，你有过忧伤、哀痛的时候吗？

生：有时候我考试考不好就会忧伤。

师：让时间把忧伤和哀痛带走吧！再一起读一读第二组词。

（生读第二组词：着急、悲伤。"伤"念成了平舌音）

师：悲伤，这个“伤”念翘舌音。

（生再读）

师：嗯，真好！你什么时候最着急？

生：我上学迟到的时候最着急。

师：是啊，如果你能起得早一点——

生：就不着急了。

师：好样的！再读一读第三组词。

（生读第三组词：高兴、快乐）

师：从你脸上的表情就看得出你是高兴的、快乐的！你希望每天的心情是哪一组词语？

生：第三组，高兴、快乐。

师：是啊，我们最希望自己的心情是——

生：（齐读）高兴、快乐。

师：我们最希望时间把哪些心情统统带走？

生：（齐读）忧伤、哀痛，着急、悲伤。

师：你看，课文中出现了这些表达心情变化的词语。我们读这篇课文时就要特别留意作者为什么会忧伤、哀痛？为什么会着急、悲伤？又为什么会高兴、快乐？

（生默读课文，略）

{板块二}：概括课文

师：都读好了吗？那谁来说说作者为什么有这样三种不同的心情？

生：因为我的外祖母死了，外祖母生前最疼爱我，我因此十分忧伤和哀痛。

师：说对了！但我们的亲人死了一般并不直接说“死了”，课文中用了什么词？

生：去世了。

师：对，“去世”这个词表示对死者的尊敬。

生：因为我的外祖母去世了，我因此十分忧伤和哀痛。

师：请接着说。

生：时间过得很快，我有点着急和悲伤。

师：嗯，说得真好！能说第三句吗？

生：因为我二十年以后受益无穷，所以我很快乐。

师：要等到二十年以后才感到很快乐吗？（众笑）

生：我跟时间比赛，每次赢的时候我都很高兴，很快乐。

师：对了吧？

生：（齐答）对了！

师：因为和时间赛跑每次都胜过时间，所以高兴，所以快乐。“胜”还可以用哪一个字表示？

生：赢！

师：会写吗？

生：不会。

师：有些生字啊，我们即使不抄写也能把它记住。伸出手指跟老师写。“赢”字由五个字组成。第一个是“亡”，第二个是“口”，下面三个字每个都要写得跟老师一样瘦，（众笑）“月、贝、凡”。这个字念——

生：赢。

师：“赢”的意思就是——

生：胜利了。

师：“赢”的反义词就是？

生：输。

生：败。

师：现在请你把这三句话连起来说一说。

生：我的外祖母去世了，我十分忧伤和哀痛；（师插话：“真好！”）看到时间过得很快，我感到有点着急和悲伤；（师插话：“非常好！”）后来跟时间比赛，每次赢的时候我都很高兴，很快乐。

师：说得好不好？你们知道这叫什么吗？这叫进步！（生鼓掌）

师：同学们，知道这篇文章的主要内容了吗？这些都是作者——

生：林清玄。

师：写的是他小学三年级时的一段经历。这段经历中有外祖母去世的——

生：忧伤和哀痛。

师：后来，他看到——

生：时间过得很快。

师：心里有点——

生：着急和悲伤。

师：于是——

生：和时间赛跑，常常赢了时间。

师：心里——

生：很高兴，很快乐。

师：以后能不能不说“很”啊，可以说非常、特别、格外……（众笑）

{板块三}：理解“谜”语

师：一般人都忌讳讲“死”字，所以文中说的是外祖母“去世了”。而爸爸妈妈在我面前连“去世”这个词也不讲，说了一个什么词？

生：永远不会回来了。

师：在哪儿？

生：（读）他们知道与其欺骗我说外祖母睡着了，还不如对我说实话：外祖母永远不会回来了。

师：爸爸妈妈对我说的是哪一个词？

生：永远不会回来了。

师：是啊，“睡着了”是骗小孩子的话，你们相信吗？

生：不相信。

师：但是父母又不说“去世了”，而是说“永远不会回来了”。于是我就问什么叫“永远不会回来了”呢？我的爸爸跟我说了一大段话，让我听着就像一个谜。我们自己来读读这个谜，看你能不能读懂。

（生自由阅读父亲的话）

师：这个谜，你理解吗？

生：所有时间里的事物都再也不会回来，昨天过去就永远变成昨天。有一天我也会像外祖母一样老，就再也不会回来了。

师：解释清楚了吗？你这不就是把父亲的话再说一遍嘛！这段话就像一个谜。今天我们要不要解开这个谜？

生：要！

师：好。我们一句一句解。看看这段话一共有几句话？这一排同学，每人读一句。（一排4位学生站起来，分别读4个句子）

师：四位小朋友听好，你觉得你自己读的这句话是最难理解的，就坐下。（学生都不坐下，众笑）都不坐下就是都理解了，对不对？好，先来问你，（指第一位学生）第一句话是什么意思？（学生全坐下了，众大笑）

师：（指第二位学生）万事开头难，第一句话可能比较难。你这句也这么难吗？你再把这一句念一下。

生：（读）你的昨天过去了，它就永远变成昨天，你再也不能回到昨天了。

师：读得好！你的昨天——

生：过去了。

生：没有了。

生：永远不能回来了。

生：被时间带走了。

师：懂了吗？

生：懂了。

师：那你连起来说说。

生：我的昨天被时间带走了，没有了，永远都不会回来了，再也不会回来了。

师：爸爸的童年——

生：被时间带走，再也不会回来了。

师：外祖母——

生：被时间带走了，再也不会回来了。

师：父亲告诉你有一天——

生：我也会被时间带走，再也不会回来了。

师：换种直白的说法，就是——

生：死了。

师：你看，昨天、童年、外祖母、将来的我，都会被时间带走。所有的人、所有的东西，都会被时间带走。你以前的忧伤、哀痛，都被时间——

生：带走了。

师：所以你就剩下了——

生：高兴和快乐。

师：（指第一位学生）你读的第一句话跟后面的话有什么联系？

生：因为先是昨天，再是童年，最后是过完我的一生。

师：对，但是没说清楚。你看，这三个时间段，哪个长，哪个短？

生：昨天最短，童年长一些，一生最长。

师：他是按照时间从短到长的顺序排列的。短的时间过去了，长的时间也过去了，所以我的心情就越来越——

生：着急。

师：越来越——

生：悲伤。

师：因为我们的一生都会被时间带走。现在你来读第一句话。

生：（读）所有时间里的事物，都永远不会回来了。

师：你现在知道这句话和后面三句有什么关系了吗？

生：把后面三句都包括进去了。

师：对，这句话是总写，也就是概括地写，下面三句话是具体地写。

（生齐读父亲的话）

师：小朋友们想不想听老师读？

生：想！

师：那老师来读一读，你们听听，和你们读的有什么不一样。（老师有感情地朗读）

生：老师读得有感情。

师：你听出了什么样的感情？

生：有点忧伤。

师：你说的跟我心里想的一样。

生：有点哀痛。

生：十分悲伤。

生：你读出了他过完一生的漫长。

师：一生的漫长都读出来了？（众笑）同学们，老师和你们对时间的感受不一样，所以和你们读的不一样。我们同学读得很轻松，很愉快。但老师读得很忧伤，因为老师已经四十多岁了，剩下的时间比你们要短很多。明白了吧？那这段话怎么才能读得好呢？这段话中有很多重复的词语，有哪些啊？

生：“了”。

师：这个“了”很重要，表示一切都过去了。

生：还有一个“再也”。

生：“永远”。

师：同学们，这些词语我们若把它删掉，感觉还一样吗？（指一位学生）你来读一读，比较一下有什么不同。（师在PPT上删掉相关词语，生读）

生：不一样。去掉“了”感觉读不惯。

师：对啊，这个“了”加上去读起来很顺畅。

生：不通。

师：不是不通的问题，删掉“了”，作者这时候内心的沉重就表达不出来了。读这段时要特别注意这些词语。

（一生朗读）

师：要是声音能读轻一点就更好了，“了”要读轻声。

（生读得很深情）

师：真好，真好！真像课文中的父亲。你的爸爸会不会说课文中那样的话？

生：我犯错的时候，他会说一些话，让我感到自己错了。

师：会不会像文中的父亲一样，像说谜一样跟你说话？

生：从来没有过。

师：父亲跟你说话一般都是比较直接的，不会像这段话一样，让你似懂非懂。那为什么课文中的父亲要对孩子这样说话呢？不能直接说吗？

生：如果他直接告诉孩子，会令孩子更加悲伤。

师：爸爸不忍心告诉他实话，又不能骗他，所以只能说这样一段话，明白了吗？

生：明白了！

师：作者听了这段话后越听越迷糊，越听越不明白。他感到非常害怕。因为人都要被时间——

生：带走！

师：都会——

生：死的。

师：你们怕死吗？

生：怕！

师：一般人都怕死，要是不怕死的那就不是一般人了。（众笑）时间都会过去的，有办法让它停留吗？

生：没有！

师：因为有一句话叫——

生：光阴似箭，日月如梭。

师：时间过得像什么一样快？

生：像箭射出去一样快，像梭子穿梭一样快。

师：时间能买得到吗？

生：不能！

师：因为有一句话叫——

生：一寸光阴一寸金，寸金难买寸光阴。

{板块四}：领会寓意

师：你看，时间买不到，也留不住，更慢不下来。这让作者感到有一点害怕，有一点着急，因此十分悲伤。这时候，太阳落山，小鸟归林，在他眼里就变得不再美丽了。(指一位学生)你来读一下。

(生读 PPT 上的语段)

师：他在看什么?

生：太阳下山。

师：其实是在看什么?

生：时间流逝。

师：太阳一寸一寸地沉进了山头，这时间过得是快还是慢?

生：快。因为太阳沉入山头就代表一天过去了，一日难再晨。

师：太阳一寸一寸地沉入山头。你能把它拉住吗?能让它停住吗?

生：老师，要是有一天科技发达了，有时光穿梭机呢?(众笑)

师：是啊，我也期待有这一天。我就可以不老了!(众大笑)

(生接着读 PPT 上的语段)

师：他在看什么?

生：鸟儿飞过天空。

师：其实，他是在看——

生：时间过去了。

师：可是有一天，他看太阳落山时的心情不一样了。谁来读?

(生读 PPT 上的语段)

师：这时候他的心情怎么样?

生：高兴和快乐。

师：因为他——

生：那一天跑赢了时间，跑赢了太阳。

师：太阳下山就说明太阳回家了。我跑赢了太阳，我走在了时间的前面。读得真好，再往下读!

(生接着读 PPT 上的语段)

师：我和太阳赛跑，我赢了——

生：太阳。

师：我跑在了时间的前面。我和西北风比赛——

生：我跑赢了西北风。

师：我跑在了时间的前面。我和暑假比赛——

生：别人一个暑假做完的作业，我十天就做完了。

师：我跑赢了暑假，走在了时间的前面。我三年级做哥哥五年级的作业——

生：我走在了时间的前面。

师：我这是和谁比赛？

生：时间。

生：哥哥。

师：哥哥？

生：自己。

师：对，和自己比赛。原来的我要到五年级才能做五年级的作业，现在的我只读到三年级就能做五年级的作业。因为时间只是你自己的，不是别人的。其实每个人和时间赛跑，就是和——

生：自己比赛！

师：原来我是——

生：走着回家的。

师：现在——

生：跑着回家。

师：原来一个小时能完成的作业要花两个小时，现在——

生：半个小时就能完成。

师：原来我的暑假作业要一个暑假才能完成，现在只要——

生：十天就能完成。

师：原来我做作业速度比较慢，现在——

生：比较快。

师：原来我做事比较拖拉，现在——

生：超前完成。

师：原来我常常睡懒觉，现在——

生：很早就起来了。

师：原来我浪费时间，现在——

生：我节约时间。

师：原来我糟蹋时间，现在——

生：我充分利用时间。

师：明白了吗？原来我是看着时间从我眼前跑过，现在——

生：我跑到时间的前面。

师：我常常和时间赛跑。所以课文的作者说我们要和时间赛跑，跑到时间的前面去。记住：人最大的胜利就是战胜自己，超越自己！一直和时间赛跑的人，就能战胜自己，就能超越自己，就能赢！于是他的心情就——

生：高兴、快乐。

师：如果一个人老是看着时间从眼前跑过，他的心情就——

生：忧伤、着急。

师：甚至——

生：哀痛。

师：你想要哪种心情，一起告诉老师！

生：（齐答）高兴、快乐！

师：那就和时间赛跑吧。这是作者三年级时的一段经历。通过这段经历他还想告诉我们什么呢？告诉我们一个哲理。这个哲理就明明白白地写在了课文的结尾，你们回去好好读一读。我们这节课已经被时间——

生：带走了。

师：再也不会——

生：回来了。

师：那你们脑子里还会留下什么吗？

生：深刻的记忆。

生：美好的回忆。

师：虽然时间过去了，但能在我们每个人心里留下美好的记忆。真好！

四、《桂花雨》教学实录

桂花雨①

小时候，我最喜欢桂花。桂花树不像梅花那么有姿态，笨笨拙拙的。不开花时，只是满树茂密的叶子；开花季节，也得仔细地从绿叶丛里找细花。桂花不与繁花斗艳，可是它的香气味儿真是迷人。

桂花开得最茂盛时，不说香飘十里，至少前后左右十几家邻居，没有不浸在桂花香里的。桂花成熟时，就应当“摇”，摇下来的桂花，朵朵完整、新鲜。如任它开过谢落在泥土里，尤其是被风雨吹打下来，那就湿漉漉的，香味差多了。

“摇桂花”对我是件大事，所以老是缠着母亲问：“妈，怎么还不摇桂花嘛!”母亲说：“还早呢，没开足，摇不下来的。”可是母亲一看天空阴云密布，云脚长毛，就赶紧吩咐人提前“摇桂花”。这下我可乐了，帮着在桂花树下铺竹席，帮着抱桂花树使劲地摇。桂花纷纷落下来，落得我们满头满身，我就喊：“啊！真像下雨！好香的雨呀!”母亲洗净双手，撮一点桂花放在水晶盘中，父亲点上檀香，炉烟袅袅，两种香混合在一起。于是父亲诗兴发了，即时口占一绝：“细细香风淡淡烟，竞收桂子庆丰年。儿童解得摇花乐，花雨缤纷入梦甜。”

桂花摇落以后，全家动员，拣去小枝小叶，铺开在竹席上，晒上好几天太阳。桂花晒干了，收在铁罐子里，和在茶叶中泡茶，做桂花卤，过年时做糕饼。全年，整个村庄都沉浸在桂花香中。

以后我从外地回家时，总要捧一大袋桂花给母亲。可是母亲常常说：“外地的桂花再香，还是比不得家乡旧宅院子里的金桂。”

每到这时，我就会想起童年时代的“摇花乐”和那阵阵的桂花雨。

★ 选自苏教版小学语文教材第 7 册。

---

① 本文作者为琦君。

[教学实录]

{板块一}

师：听说东洲小学的同学非常聪明，学习非常勤奋，老师想考一考大家。看，黑板上的看拼音写词语，会做吗？

生：（纷纷举手）会！

师：看谁写得又对又快！写好的请举手。

（生快速默写词语）

师：写不出来的，可以偷看；（众笑）不能看别人的，只能看课文。（众又笑）

（生举手）

师：（快步走过去，拿起他的本子）你是第一名，叫什么名字？

（生声音很小，大家没听清）

师：大声说。

生：徐洋清。

师：很好！请站起来，老师就喜欢写得快的同学。当然，这个字写得比较潦草。（走到第二个举手的同学身边）你叫什么名字？

生：施宇朋。

师：很自信，好！请写得最快的两位同学把答案写到黑板上。第一名写第一行，第二名写第二行。（两生板书）请同学检查一下自己写得对不对。

（生纷纷低头检查）

师：（指黑板）我们一起来批阅一下。一起读，第一个。

生：糕饼。

师：写对了就打个钩，要会自己检查和批改。第二个。

生：尤其。

师：对是对了，但是写得比较潦草。“尤”怎样写好看？（师示范写“尤”）请你上来再写一个工工整整的“尤”字。

（生重写“尤”字）

师：这次写得比较端正，但不够美观。大家发现了吗？“尤”字的“脚”（最后一笔）写得长就比较好看！这个“脚”比较短。（众笑）

（生修改）

师：有进步！（生鼓掌）

师：以后写字首先要端正，然后要美观！第三个。

生：新鲜。

师：写错的同学马上把写错的字改正。如果我们把这三个词连起来，再加一个句号，大家读一读。

生：糕饼尤其新鲜。

师：这句话中，“尤其”可以用哪个词替换？

生：糕饼特别新鲜。

生：糕饼格外新鲜。

师：“尤其”在这里就是“特别、格外”的意思。三个词全对的，给自己打一颗五角星；错一个的打一个三角形；错两个的，就没有角了。（众笑）看第二行，第一个。

生：谢落。

师：第二个。

生：吩咐。

师：第三个。

生：拣起。

师：写错的赶快订正。好，把第二行连起来读一读。

生：谢落，吩咐，拣起。

师：（走到一生面前）我和你，谁吩咐谁？

生：老师吩咐我。

师：你能吩咐我吗？

生：不能。

师：为什么？

生：因为您是老师。

师：对啦！“吩咐”是指长辈对晚辈、上级对下级、年长的对年幼的，明白了吗？

生：明白了。

师：仔细听，老师从地上捡起一颗鹅卵石。“捡”字怎么写？

（一女生写“捡”字）

师：对了！捡起一颗鹅卵石的“捡”相当于哪个字？

生：拾。

师：又对了！再听：老师从一堆石头中拣出一颗鹅卵石。（指“拣、捡”）是哪一个？

生：（指“拣”）是那个“拣”！

师：这个“拣”字是什么意思？

生：就是从石头里面挑出一颗鹅卵石。

师：了不起！注意，有些字读音相同，字形不同，我们在运用的时候一定要注意区分。这些就是从课文中“拣”出来的重点词语，再读一读吧。认真读，用心记，读完一个老师就擦掉一个哦！

（生齐读词语，格外专注）

{板块二}

师：这些词语选自课文——

生：（齐读）《桂花雨》。

师：这是台湾女作家琦君写的一篇散文。读这篇散文，就像翻阅我们小时候一张一张的旧照片，能引起我们无限的遐想，勾起我们无限的情思。（板书：情）请你静静地读，在那些特别能引起你注意的地方做个记号。

（生自由朗读课文，教师巡视）

师：你能用文中的一个词来形容一下作者写桂花雨时的那种感情，那种滋味吗？

生：甜。

（师板书：甜）

生：柔。

师：这篇散文充满了柔情。

生：这篇文章让我感到很香。

师：让我闻闻，（拿起孩子的书闻一闻，大家都笑了）是什么很香？

生：（恍然大悟）是一阵阵的桂花雨让我闻到了香。

（师板书：香）

生：美。

师：纷纷扬扬的桂花像雨一样落下来，你见过这样的美吗？

生：没有。

生：乐。作者在摇花的时候非常快乐。（师板书：乐）

师：作者写摇桂花，写那一阵阵的桂花雨，用了三个自然段。大家用心读一读，看看作者是怎么写出香、怎么写出乐、怎么写出甜的。

（生默读课文）

师：下面我们来谈一谈你对这三个字的感受。先谈这个“香”字。先读一读，然后谈谈对这个“香”字的体会。

生：（朗读）“桂花开得最茂盛时，不说香飘十里，至少前后左右十几家邻居，没有不浸在桂花香里的。桂花成熟时，就应当‘摇’，摇下来的桂花，朵朵完整、新鲜。如任它开过谢落在泥土里，尤其是被风雨吹打下来，那就湿漉漉的，香味差多了。”

我觉得桂花开得最茂盛时很香，香飘十里，每家都能闻到桂花的香味。于是，我也闻到了桂花的香味，就像桂花真的就在我们旁边一样。

师：“不说香飘十里”，有没有“香飘十里”？

生：没有，但是非常地香。

师：有一个字说它真的“香”，是哪个字？

生：是“浸”字。

师：我们写“香”一般用“飘”，作者怎么用这个“浸”字啊？（板书：浸）

生：就是很香很香，整个宅院都浸在香味里了。

师：我们看，这个“浸”字是什么偏旁？

生：三点水。

师：本来是形容什么的？

生：形容浸在水里的。

师：对，淹没在水里就叫“浸”。水看得见吗？

生：看得见。

师：摸得着吗？

生：摸得着。

师：桂花的香摸得着吗？

生：摸不着。

师：看得见吗？（生摇头）那现在作者用了一个“浸”，桂花的香看得见吗？

生：看得见。

师：摸得着吗？

生：摸得着。

师：真的吗？

（生笑）

师：一个“浸”字，使得香味变得形象了，一下子让我们仿佛看到了花香，摸着了花香。所以这个“浸”用得恰当，用得传神。把这个字圈出来。读这句话的时候，注意要把“浸”字读出味来。谁愿意读一读？

生：（朗读）桂花开得最茂盛时，不说香飘十里，至少前后左右十几家邻居，没有不浸在桂花香里的。

师：真好！太投入了！（生鼓掌）除了这个“浸”字传神，还有表现香的吗？

生：（朗读）桂花摇落以后，全家动员，拣去小枝小叶，铺开在竹席上，晒上好几天太阳。桂花晒干了，收在铁罐子里，和在茶叶中泡茶，做桂花卤，过年时做糕饼。全年，整个村庄都沉浸在桂花香中。

我感觉香味特别多，整个村庄都是香味。这里的“沉浸”也是说很香很香。（师板书：沉浸）

师：这里的“沉浸”和前面的“浸”的含义有什么不同？

生：这里是说用桂花做了很多可以吃的东西，一直留着，所以很香。

师：一直留着？不会坏掉吗？

生：哦，都吃了。泡茶喝了。

师：对呀，吃了，喝了，香味却永远地留在了心里。全村的人都相互送桂花做的食品，今天这家做了送那家，明天那家做了送这家。弥漫在村子里的，有那桂花的香味，还有那浓浓的乡情啊！谁来读好这一小节？

（生读得很深情，众鼓掌）

师：读得真好！还有描写香的吗？

生：（朗读）母亲洗净双手……花雨缤纷入梦甜。

生：（朗读）这下我可乐了……好香的雨呀！

师：“好香的雨呀！”是好香的——

生：桂花雨！

师：想象一下摇落桂花时，作者大声喊道——

生：（齐读）啊！真像下雨！好香的雨呀！（众鼓掌）

师：这个“香”字中还包含——

生：快乐。

生：甜蜜。

师：（指着板书）花香之中，蕴含着摇花的快乐，心里的甜蜜。自己再读读这段话。

（生有感情地齐读）

师：这样的情境、这样的感受，都融在了一首小诗中。读——

生：（齐读）细细香风淡淡烟，竞收桂子庆丰年。儿童解得摇花乐，花雨缤纷入梦甜。

师：桂花香，摇花乐，入梦甜。我们从“香”字中读出了“乐”，读出了“甜”，那是留存在作者童年记忆中最美好的情思！你还能从这个“香”字中读出萦绕在作者心头的别样的情思吗？用心读读课文的最后两个自然段。

（生自由朗读）

师：谁来读？

（生读最后两个自然段）

师：这里的“外地”是指杭州。（板书：杭州）作者出生在浙江温州的瞿溪，十二岁那年举家搬迁到杭州，再没回去过。杭州的满觉陇，漫山遍野都是桂花，真的是香飘十里！据说，那时满觉陇的桂花和龙井的茶是最香的。那么真的是“比不得家乡旧宅院子里的金桂”吗？

生：这是对家乡的思念。

师：比的是什么呀？

生：非常怀念自己家乡的那种深厚感情。

师：听到了吗？听到什么了？最关键的是哪两个字？

生：感情。

师：对啊！母亲比的不是桂花的香味是浓还是淡，比的是感情的深浅！

生：母亲对家乡的感情深，所以觉得故乡的桂花香。

师：一深一浅，一浓一淡。谁来把这种浓浓的乡情表达出来？

（生有感情地朗读最后两个自然段，众鼓掌）

师：这里仅仅是母亲思乡情深吗？老师告诉你，作者写这篇散文的时候已经是一个60多岁的老人了。自从1949年33岁时离开家乡到了台湾，她一直不能回到生她养她的故乡，再也看不到她的父亲和母亲，再也看不到旧宅院子里的金桂，再也看不到那阵阵的桂花雨，再也听不到父亲的小诗了……（生齐声念诗）你能看到作者写到这里的时候，脸上的表情吗？

生：悲伤。

生：忧愁。

生：流泪了。

生：思念。

师：思念是什么滋味？你们离开过家乡吗？

生：我离开过家乡两个月。

师：有感受吗？

生：有，就是非常非常想回家，想看看自己的亲人，想看看自己住过的地方，很怀念。

师：这就是花香之中弥漫着的淡淡的“乡愁”。（板书：乡愁）

（师深情地范读最后两小节，众鼓掌）

{板块三}

生：（朗读第一自然段）小时候，我最喜欢桂花。

师：（插话）有三个字要强调！

生："最喜欢。"（继续读）桂花树不像梅花那么有姿态，笨笨拙拙的。

师：（插话）哪种树更好看？

生：梅花树。（继续读）不开花时，只是满树茂密的叶子。

师：（插话）"满树茂密的叶子"好看吗？

生：好看！

师："只是"满树茂密的叶子，好看吗？

生：不好看，太单调了。

生：没有花，只有叶子就不好看了。

生：（继续读）开花季节，也得仔细地从绿叶丛里找细花。

师：（插话）桂花好看吗？

生：不好看，太细了，找都找不到。

师：树、叶、花，都不好看！不好看干吗还要写呢？

生：为了突出花的香气。

生：为了衬托花的香气迷人。

生：为写花香做埋伏。（众笑）

师：这叫"伏笔"。

生：（继续读）桂花不与繁花斗艳，可是它的香气味儿真是迷人。

师：读到这里你明白了什么？

生：桂花非常香，虽然和繁花相比它不好看，但是它的香气味儿太迷人了。

生：我最喜欢桂花，是因为它的香气味儿真是迷人。

师：说得非常好，给他掌声。（众鼓掌）作者爱桂花，（板书：爱）爱的正是桂花的香！因为爱得真切，爱得深沉，爱得魂牵梦萦，所以，在台湾，一闻到桂花飘香，就想起了家乡，想起了亲人，想起了童年时那阵阵的——

生：桂花雨。

师：桂花雨，桂花真是——（指板书）

生：香的雨！

师：给人带来——

生：乐！

师：给人带来——

生：甜！

师：给人带来淡淡的——

生：乡愁！

师：所以，（板书：桂花还是家乡的香）请你仿照着写几句话，也表达对家乡的一种感情。

（生纷纷动笔写）

师：谁来读一读自己写的句子？

生：湖水还是家乡的好，羊肉还是家乡的好吃。（众大笑）

师：哈哈，全国各地都有羊肉，就这里的羊肉最好吃。你爱家乡！

生：风景还是故乡的美，湖水还是故乡的清。

生：马路还是故乡的平坦。

师：这个不一定，不一定。（众大笑）

生：夜景还是故乡的美，月儿还是故乡的明。

师：哎呀，多好啊！再读一遍。

（生再读，众鼓掌）

生：人还是故乡的亲，水还是故乡的甜，山还是故乡的美。（掌声）

师：如果把同学们的诗句连起来，就是一首诗，取个题目，叫——

生：故乡。

师：没味道。

生：故乡情。

师：嗯，有点味道。

生：我的故乡。

生：思故乡。

师：这个“思”字用得好。

生：乡愁。（掌声）

师：其实作者琦君的很多作品都是表达乡愁的，课后可以找来读一读。今天我们在脑海里留下了一幅美丽的画。这幅画的名字叫——

生：《桂花雨》。

师：下课！

五、《三打白骨精》教学实录

三打白骨精①

一天，唐僧师徒四人来到一座高山前，只见山势险峻，峰岩重叠。走了一天的路，唐僧感觉饥饿，就让孙悟空去找些吃的。悟空跳上云端，四处观看，见南山有熟透的山桃，便要摘些来给师父充饥。

悟空刚走，唐僧就被妖怪白骨精发现了。白骨精不胜欢喜，自言自语道：“造化！造化！都说吃了唐僧肉可以长生不老。今天机会来了！”它正要上前，见唐僧身边有猪八戒和沙僧保护，就摇身变作美貌的村姑，拎了一罐斋饭，径直走到唐僧面前，说是特地来请他们用斋的。唐僧一再推辞，八戒嘴馋，夺过罐子就要动口。

正在这时，悟空从南山摘桃回来，睁开火眼金睛一看，认出村姑是个妖精，举起金箍棒当头就打。唐僧连忙扯住悟空。悟空说：“它是个妖精，是来骗你的。”说着，就朝妖精劈脸一棒。妖精扔下一具假尸首，化作一缕轻烟逃走了。

唐僧责怪悟空无故伤人性命。悟空打开罐子，从里面跳出来几只青蛙、癞蛤蟆，根本没有什么斋饭。唐僧这才有些相信那村姑是妖怪。

师徒们吃了桃子继续赶路。山坡上闪出一个年满八旬的老妇人，手拄着

① 本文选自吴承恩《西游记》。

弯头竹杖，一步一声地哭着走来。悟空见又是那妖精变的，也不说话，当头就是一棒。白骨精见棍棒落下，又用法术脱了身，丢了具假尸首在路上。

唐僧一见，惊得从马上摔下来，坐在地上，不由分说，一口气念了二十遍紧箍咒。悟空头痛难忍，连忙哀告。唐僧喝道："你为何不听劝说，把人打死一个，又打死一个？""它是妖精！"唐僧非常生气："胡说！哪有那么多妖精！你无心向善，有意作恶，你去吧！"悟空说："师父若真不要我，就请退下我头上的金箍儿！"唐僧大惊："我只学过紧箍咒，却没有什么松箍咒！"悟空说："若无松箍咒，你还带我走吧。"唐僧无奈："我再饶你这一次，但不可再行凶了。"悟空忙点头答应，扶着唐僧上了马，继续前行。

白骨精不甘心就这样让唐僧走了，又变成一个白发老公公，假装来找他的妻子和女儿。悟空把金箍棒藏在身边，走上前迎着妖精，笑道："你瞒得了别人，瞒不过我！我认得你这个妖精。"悟空抽出金箍棒，怕师父念咒语，没有立刻动手，暗中叫来众神，吩咐道："这妖精三番两次来蒙骗我师父，这一次定要打死它。你们在半空中作证。"众神都在云端看着。悟空抡起金箍棒，一棒打死了妖精。妖精化作一堆骷髅，脊梁上有一行字，写着白骨夫人。

★ 选自苏教版小学语文教材第 11 册。

[教学实录]

{板块一}：学习生字词

师：今天我们学习一篇课文，读——（生齐读课题）课文中有些词语，老师分了两行，你们按照老师的格式写下来。（出示课件）写完了立即举手。（巡视后提示）直接写词语，不写拼音。

yāo （　　）精	zhāi （　　）饭	ma 蛤（　　）
zhòu 紧箍（　　）	mán 隐（　　）	＿＿＿＿

（学生在练习本上书写，教师请写得最快的两名学生写在黑板上，并提示：黑板上还有一个空行，写一个你认为课文中最重要的词语）

师：请大声、整齐地朗读这些词语。（学生朗读，教师相机纠正“妖、斋、咒”等生字的写法，并要求写错的学生立即订正）

师：空行这里，你写了个“山势险峻”。为什么写这个词？

生：因为“山势险峻”的“峻”比较容易写错。

师：容易写错的字，要及时把它记下来。还有理由吗？

生：（思考片刻）没了！

师：课文中写师徒四人来到一座高山前，“山势险峻，峰岩重叠”。为什么不写“山清水秀、峰峦起伏”呢？

生：因为有句话叫作——山高必有怪。

师：哦，山势险峻、崇山峻岭、荒无人烟的地方经常会出现妖怪！你刚才说这个“峻”字易错，所以选择了这个词。其实这个词在课文中非常重要，点明了故事发生的特定环境。知道了吗？（生点头）

生：我写了“金箍棒”。“箍”字比较难写，而且孙悟空打妖怪一直要用这个。（众笑）

生：我写了“喝道”。这个“喝”是多音字。

生：我写的是“造化”，因为我读完整篇课文，只记得“造化”这个词语了。（众大笑）

师：那我考考你，什么叫“造化”？

生：“造化”有两个意思。第一个意思是运气、福气，第二个意思是指自然界的创造。

师：课文中的“造化”是哪个意思？

生：我觉得应该是第二个意思。

师：白骨精看到谁来了就说“造化”呀？

生：唐僧。

师：唐僧来了，白骨精为什么说“造化！造化！”？

生：白骨精抓住唐僧，吃了唐僧肉就可以长生不老了。“造化”是运气来了的意思。

师：把词语放到具体的语境中去，意思才理解得准确。现在一起来读一读这些词语。（学生朗读词语后，师擦掉读过的词语，最后剩下一个“妖精”）

{板块二}：复述故事

师：这篇课文中没有妖精就没有故事。这个妖精有什么本事？

生：可以变成不同的人。第一次是变成了一个女施主。

师：什么叫女施主啊？（众大笑）在这篇小说中不叫女施主，叫——

生：村姑。

师：“村姑”前面还要加个修饰词。

生：漂亮的村姑，美貌的村姑。（师板书：变美貌的村姑）

生：然后变成一个年迈的老太太。

师：年迈？70 岁是年迈，90 岁也是年迈……

生：80 岁的老太太，八旬老太！（师板书：八旬老妇）最后变成一个老爷爷。（师板书：白发公公）

师：连贯地说一说。

生：这个妖精先变成一个美貌的村姑，然后变成一个八旬老妇，最后变成一个白发老公公。

师：变了几次？

生：三次！（师板书：三变）

师：正因为有了这样一个白骨精，所以才有了《三打白骨精》这个故事。快速浏览课文，想一想：孙悟空是怎样三打白骨精的？唐僧是如何看待孙悟空三打白骨精的？等会儿请你来讲讲这个故事。

（师巡视，板书：悟空、唐僧。提示学生：每一次是怎样打的？画下关键词句）

生：孙悟空第一次打白骨精是“当头就打”！第二次是“当头一棒”！最后一次是“一棒打死”！

师：这三个词多准确、多传神！请写下来！现在请大家把书合上。请你说三句话，把这个《三打白骨精》的故事简要地复述出来。可以先和同桌相互练习一下。

生：白骨精看到唐僧经过就摇身一变，变成一个美貌的村姑，孙悟空火眼金睛，一眼看出她是妖精，当头就打；白骨精不甘心，又变成一个八旬老妇，孙悟空还是给她当头一棒；第三次，白骨精又变成了一个白发老公公，孙悟空毫不留情一棒打死了他。

生：白骨精看到唐僧经过，就摇身变成美貌的村姑，假装给唐僧师徒送斋饭，孙悟空看出她是妖精，就劈脸一棒打去，妖精化作轻烟逃走了，唐僧责备孙悟空；白骨精不甘心，又变成八旬老妇，假装来寻女儿，孙悟空认出她来，便给她当头一棒，妖精丢下假尸逃走了，唐僧非常生气，念紧箍咒责罚孙悟空；第三次妖精又变成白发老公公，假意寻找家人，孙悟空并没有立即动手，而是暗中找来众神相助，最后才把她一棒打死，白骨精现出了原形。

师：（对前一位复述的学生）她哪些地方讲得和你不一样？

生：孙悟空打死了白骨精，唐僧有反应了。（众笑）对白骨精的描述也比较生动。

师：第一位同学很简洁。第二位同学很完整，也比较生动。我们读完一个故事，要学会概括和复述。这是一种语文能力！

{板块三}：分析人物性格

师：白骨精三变，孙悟空三打，你有什么发现吗？

生：孙悟空比白骨精厉害，她三变，他三打。

生：怎么变都瞒不过孙悟空的火眼金睛！

生：孙悟空打的时候，唐僧越来越生气，孙悟空越打越谨慎。（众笑）

师：很好！他讲到了你们没讲到的地方。唐僧是越来越生气。如果给唐僧的三次举动取一个名称，那是什么？

生：（纷纷发言）三气，三骂，三怒，三责。（师板书：三责）

师：妖精——（生接：“三变”）于是孙悟空——（生接：“三打”）唐

僧就——（生接：“三责”）。整个故事就“一波三折”。打一次就完的故事好听吗？（生摇头）因为一波三折，老师要提三个问题。第一个问题：为什么孙悟空要打村姑、八旬老妇、白发老公公？

生：因为村姑、八旬老妇还有白发公公，都是白骨精变的人形，孙悟空看穿了这一点，当然要打了。

生：孙悟空有火眼金睛，看到了白骨精的原形，所以会打。而其他人没有火眼金睛，看到的都是正常的村姑、八旬老妇和白发老翁，他们的反应不一样。

师：你说到点子上了！你们看，当这个美貌的村姑出现在唐僧师徒面前时，他们的反应各不相同。这是一个怎样的村姑呢？原文是这么说的——“冰肌藏玉骨，衫领露酥胸。柳眉积翠黛，杏眼闪银星。月样容仪俏，天然性格清。体似燕藏柳，声如莺啭林。半放海棠笼晓日，才开芍药弄春晴。”

师：这个村姑美吗？（生笑）本来师徒四人很正常，村姑一出现，反应就不一样了。（众大笑）

生：孙悟空知道她是妖精，很提防。

师：你看，在孙悟空眼里她就是妖精！

生：唐僧认为她是个村姑，是个善良的人。

师：以为是送斋饭的善人。

生：那个八戒对村姑动了凡心。

师：什么叫动了凡心？

生：他觉得这是个美貌的女子，很喜欢！

师：八戒一心想娶她做老婆，是吗？（众笑）沙僧呢？

生：沙僧没反应。

师：整部《西游记》里，沙僧好像一直都没反应。（众大笑）唐僧认为这是个善良的村姑，八戒认为她是个美貌的女子，沙僧没有反应，而孙悟空认为她是个妖精，所以坚持要打。

生：孙悟空是个是非分明、疾恶如仇的人！

生：孙悟空是个警惕心很强的守护神！

生：是妖精就要打，就要除！不管变成什么，哪怕变成亲娘也要打！这就是孙悟空。

师：说得好！第二个问题：孙悟空为什么到第三次才把她打死？快速浏览课文，关注一下其中白骨精每次的变，孙悟空每次的打，各有哪些不同？（生默读课文，略）

生：我发现孙悟空第三次打与前两次都不一样，他找来了众神帮忙，所以才一棒打死了白骨精。

生：第三次打的时候，众神在天上看着。

师：不仅仅是看着，在《西游记》中妖精可以元神出窍。众神在上面守着，元神就逃不掉了。

生：第三次打的时候，孙悟空假装没事走到老公公的身边。

师：哦，假装的。文中有一个非常重要的词：笑。走上前去，迎着妖精“笑道”。为什么笑？

生：是要让妖精麻痹大意。

生：是孙悟空设计的圈套。

师：不好这么说。

生：是陷阱。

师：也不好这么说。换个角度，换个词语。

生：计谋。

生：为了迷惑唐僧，不让他念紧箍咒。

师：这次“笑”，说明孙悟空已经胸有成竹了！

生：孙悟空很聪明！

生：精明！

生：足智多谋！

师：还有更好的词吗？机智善变！妖精善变吧？但是它的“变”有没有变化呢？变个人，再变个人，最后还是变个人！逃的时候化作一缕轻烟，再化作一缕轻烟，最后还是化作一缕轻烟。但孙悟空就厉害了，找来众神相助。这就叫机智善变！从“三打”可以看出孙悟空的人物形象！

师：第三个问题：孙悟空把妖精打死了，是坏事还是好事？（生：好事！）如果你看见了，会怎么样？

生：（纷纷发言）高兴，欢呼雀跃，鼓掌庆贺，载歌载舞，欣喜若狂……

师：一般人都会这么做。可是他的师父唐僧呢？

生：（纷纷发言）责骂他，念紧箍咒……

师：第二次念了多少遍紧箍咒？

生：二十多遍。

师：脑袋都缩成葫芦样了。看到“白骨夫人”字样后，唐僧照理应该表扬孙悟空了吧？

生：没有！把孙悟空赶回花果山了。

师：如果你碰到这样一个师父，第一次打死了妖精，他念紧箍咒；第二次打死了妖精，还念紧箍咒。你心里会怎么想？

生：这样的师父真是是非不分，保他何用！

生：我感到很委屈！

生：跟着这样的师父没前途！（众笑）

师：如果你做了件好事我给你念紧箍咒，你以后还会不会做好事了？

生：以后再也不做了！再做那是傻子了！

师：一般人都不会再做了。但孙悟空不是一般人啊！

生：他对师父忠心不二。

生：虽然唐僧是非不分，但他明白师父这样做是有原因的。

生：师父本身就是凡夫俗子，没有火眼金睛，应该原谅他。

生：师父对他有恩，他有义务保护师父到西天取经，孙悟空很有责任感。

师：你看出孙悟空的性格了吗？

生：（纷纷发言）责任心强，忠心耿耿，惩恶扬善……

师：不管受到多大委屈，孙悟空都要惩恶扬善，这就是孙悟空！对于保护师父去西天取经这个使命，他矢志不移！一般人不具备的性格，孙悟空具备了。所以，这个人物形象显得——

生：高尚，鲜明……

师：白骨精变了三次，孙悟空打了三次，唐僧念了三次紧箍咒。小说就是这么有意思，你们发现了吗？这故事里的人都是这么好玩。这叫什么？

生：坚持自己的想法。

师：坚持不懈用在谁身上比较恰当？

生：孙悟空！

师：形容妖精用什么词？

生：执迷不悟。

生：不到黄河心不死。

生：死不悔改。

师：唐僧呢？

生：是非不分，固执己见。

师：其实，所有的人物都是"执迷不悟"的。一波三折的故事情节，表现的就是人物的"执迷不悟"，这是他们一成不变的性格。孙悟空一开始是这个性格，一直到最后，还是这样的性格。你看猪八戒，原文中孙悟空第一次打死了妖精，八戒就去唐僧面前挑唆；第二次，也是这样挑唆；第三次，他照样挑唆，搬弄是非。当然，八戒很复杂，有多面性。你们最喜欢哪个人物？

生：（齐声）孙悟空！

师：都不喜欢唐僧，为什么？

生：看不起他，帮他还不讨好。

生：分不清是非的糊涂蛋。

师：那是因为你们没有完全读懂《西游记》，唐僧最可贵的一面被你们忽视了哦！现在，我们再读一下课题——

（生齐读）

师：以后读到带有"三"的文章，比如《三打祝家庄》《三顾茅庐》《三气周瑜》等，重点关注为什么一定要三次，这三次有什么不同，作者这样安排有什么用意，这样阅读，你就会读到别人读不到的东西。

六、《真理诞生于一百个问号之后》教学实录

真理诞生于一百个问号之后①

有人说过这样一句话：真理诞生于一百个问号之后。其实，这句话本身就是一个真理。

纵观千百年来的科学技术发展史，那些定理、定律、学说的发现者、创立者，差不多都很善于从细小的、司空见惯的自然现象中看出问题，不断发问，不断解决疑问，追根求源，最后把“?”拉直变成“!”，找到了真理。

洗澡是一件非常普通的事情，而美国麻省理工学院机械工程系的谢皮罗教授却敏锐地注意到：每次放掉洗澡水时，水的漩（xuán）涡（wō）总是朝逆时针方向旋转的。这是为什么呢？谢皮罗紧紧抓住这个问号不放，进行了反复的实验和研究。1962 年他发表了论文，认为这种漩涡与地球的自转有关，如果地球停止旋转，就不会产生这种漩涡。他认为，在北半球，洗澡水朝逆时针方向旋转；如果是在南半球，洗澡水的漩涡将朝顺时针方向旋转；而在赤道，则不会形成漩涡。他的这个见解，引起各国科学家的极大兴趣，他们纷纷在各地进行实验，结果证明谢皮罗的结论完全正确。

无独有偶。17 世纪的一个夏天，英国著名化学家波义耳正急匆匆地向自己的实验室走去，刚要跨入实验室大门，阵阵醉人的香气扑鼻而来，他这才发现花圃（pǔ）里的玫瑰花开了。他本想好好欣赏一下迷人的花朵，但想到一天的实验安排，便摘下几朵紫罗兰插入一个盛水的烧瓶中，然后开始和助手们做实验。不巧的是，一个助手不慎把一滴盐酸溅到紫罗兰上，爱花的波义耳急忙把冒烟的紫罗兰用水冲洗了一下，重新插入花瓶中。谁知当水落到花瓣上后，溅上盐酸的花瓣奇迹般地变红了，波义耳立即敏感地意识到紫罗

① 本文作者是叶永烈。

兰中有一种成分遇盐酸会变红。那么，这种物质到底是什么？别的植物中会不会有同样的物质？别的酸对这种物质会有什么样的反应？这对化学研究有什么样的意义？这一奇怪的现象以及一连串的问题，促使波义耳进行了许多实验。由此他发现，大部分花草受酸或碱的作用都会改变颜色，其中以石蕊（ruǐ）地衣中提取的紫色浸液最明显，它遇酸变成红色，遇碱变成蓝色。利用这一特点，波义耳制成了实验中常用的酸碱试纸——石蕊试纸。在以后的三百多年间，这种试纸一直被广泛应用于化学实验中。

最有趣的是一位奥地利医生。一次儿子睡觉时，他发现儿子的眼珠忽然转动起来。他感到很奇怪，连忙叫醒儿子，儿子说他刚才做了个梦。这位医生想，眼珠转动会不会与做梦有关呢？会是什么关系呢？他百思不得其解。于是，带着一连串的疑问，他以儿子、妻子、邻居为实验对象，进行了反复的观察实验，最后得出结论：当睡觉的人眼珠转动时，他确实正在做梦。如今，人们研究梦的生理学，便根据眼珠转动的次数和时间，来测量人做梦的次数与梦的长短。

洗澡水的漩涡、紫罗兰的变色、睡觉时眼珠的转动，这些都是很平常的事情。善于“打破砂锅问到底”的人，却从中有所发现，有所发明，有所创造，有所成就。

在科学史上，这样的事例还有很多，它说明科学并不神秘，真理并不遥远。只要你见微知著，善于发问并不断探索，那么，当你解答了若干个问号之后，就能发现真理。

当然，见微知著、善于发问并不断探索的能力，不是凭空产生的。正像数学家华罗庚（gēng）说过的，科学的灵感，决不是坐等可以等来的。如果说，科学领域的发现有什么偶然的机遇的话，那么这种“偶然的机遇”只能给那些有准备的人，给那些善于独立思考的人，给那些具有锲（qiè）而不舍精神的人。

★ 选自人教版国标本小学语文教材第 12 册。

[教学实录]

{板块一}

师：有人说了这样一个观点："真理诞生于一百个问号之后"。你相信吗？

生：（纷纷答）相信！

师：没人有疑问吗？

生：（纷纷摇头）没有！

师：为什么？

生：因为这是别人已经证明过了的。

生：因为课文中已经有结论了。

师：真的没人有疑问啦？

生：没有！（众笑）

师：真理不是诞生于一百个问号之后吗？你们一个问号都没有，真理怎么这么快就诞生了呢？（众大笑）敢于怀疑别人的观点，敢于提出自己的疑问，这是发现真理必须具备的精神！没有经过质疑的"真理"不一定就是真理，而可能是——

生：歪理。（众大笑）

生：谬论。

师：对啊！所以，你们要敢于怀疑这个观点。有疑问吗？

生："真理诞生于一百个问号之后"到底是什么意思呢？

生：真理一定要在一百个问号之后才能诞生吗？

生：是不是所有的真理都是在一百个问号之后诞生的呢？

师：（高兴地）你们这么想、这么问就迈出了发现真理的第一步！打开课文，看看作者在提出这个观点之后是怎么解释这个观点的含义的。

（生自由朗读第二自然段后，师指名一生朗读）

师：理解吗？

生：（纷纷点头）理解。

师：有问题吗？

生：（纷纷摇头）没问题。（众笑）

师：看来，你们真是太听话了，都成习惯了，要想提出问题都很难。（众大笑）“司空见惯”理解吗？

生：就是看得多了就不觉得奇怪了。

生：经常看见的事就习以为常了。

生：见的次数多了就见怪不怪了。

师：生活中有哪些事情你们已经司空见惯了？

生：太阳每天都从东方升起，从西边落山。

师：从来没有想过为什么不从西边升起，从东边落山。（众笑）

生：我们每天饿了都要吃饭，困了都要睡觉。

师：从来没有想过为什么不是饿了要睡觉，困了要吃饭。（众大笑）

生：白天升起的是太阳，晚上升起的是月亮。

师：一天又过去了。（众笑）从来没有想过这逝去的时间从哪里来，又到哪里去。这些现象都是司空见惯的。你们对“司空见惯”的理解是习以为常，见怪不怪。有谁想过“司空见惯”这个词语是怎么来的？为什么叫“司空”“见惯”呢？

生：（惊异地）没有！不知道！

师：我们对于熟悉的事物常常失去好奇心、探究欲，也就没有问号了！“司空”是古代的一个官职，专门掌管建设工程，相当于现在的建设部部长。相传唐代司空李绅请卸任的和州刺史、大诗人刘禹锡喝酒。酒席上有歌妓劝酒，并歌舞助兴，极尽奢华。刘禹锡就写了一首诗：“高髻云鬟宫样妆，春风一曲杜韦娘。司空见惯浑闲事，断尽江南刺史肠。”这原是一首讽刺官员花天酒地奢侈生活的诗，后来就有了“司空见惯”这个成语。明白了吧？

生：（恍然大悟）哦！

师：不问不知道——

生：一问吓一跳。（众大笑）

师：你吓什么呀？那叫——问了才知道！（众笑）问号才能变成感叹号。文中的“？”和“！”分别表示什么？

生：“?”表示对这些司空见惯的现象产生了疑问，“!”表示经过不断的探索，终于发现了真理。

生：“?”表示一个接着一个的问题，“!”表示最终找到的真理。

师：把“?”拉直变成“!”，找到了真理，就是“真理诞生于一百个问号之后”的意思。但是在表达上有什么不同?

生：这样说就是把一个抽象的道理，用直观形象的方法表示，让别人印象深刻。

师：这是你的理解?

生：从《课文详解》里看到的。

师：书上写的是别人的理解。你的理解呢?

生：这样说感觉很新鲜，也很简单。

师：这才是你的理解，你的观点。说得多好啊！新鲜，简单！把一个真理说得那么通俗易懂、简单明了，让人耳目一新。一起再读一读这个语句。

（生齐读）

师：刚才有人问为什么一定要是“一百个”问号呢? 99 个不行吗? 101 个不行吗?

生：“一百个”并不是说真的有 100 个问号，而是说有很多问号，无数个问号。

生：“一百个”是形容有很多很多问题。

生：“一百个”是说发现真理的过程是很长的，要经过艰苦的探索。

生：“一百个”是形容那种不断探索的求真精神。

师：说得都有道理！“一百个”不是实指，而是指真理的发现要经历长期而艰辛的发问、探索的过程。比如，“这件事交给我，你放一百个心吧!”是不是一定要正好放一百个心?

生：不是！是“绝对放心”的意思。

师：对了！一起读一读这个观点。

（生齐读课题）

{板块二}

师：请你默读课文，概括一下文中用了哪些事例来证明这个观点？

（生认真默读，教师巡视并请一生将概括的事例写在黑板上）

师：课文用了哪些事例来证明观点？

生：（读黑板上的概括）洗澡水的漩涡、紫罗兰花的变色、睡觉时眼睛的转动。

师：你转动一下眼睛让我看看。（众笑）能转动的是你的眼珠啊！（学生快速修改）这三个事例有什么相同之处呢？快速默读课文，发现相同点。（学生快速浏览课文）

生：这三个事例都是从生活当中的小事开始的。

师：怎么开始？说清楚些。

生：都是从生活中细小的、司空见惯的现象中发现问题的。

师：这是第一个相同点。

生：这三个事例中的人都是生活当中的有心人。

师：哦，哪里体现他们是有心人呢？

生："谢皮罗教授敏锐地注意到"，"波义耳立即敏感地意识到"，"（医生）感到很奇怪，连忙叫醒儿子"。从这些词语中可以看出他们都是很善于从小的地方看出大的问题，是有心人。

师：他们都是"有准备的人"！这是第二个相同点。

生：这三个事例中的结论都是经过不断探索才得到的。

生：是经过反复的实验和研究才找到的真理。

师：分别说说。

生：谢皮罗教授紧紧抓住问号不放，进行了反复的实验和研究；波义耳对一连串的问题，进行了许多次的实验；那位奥地利医生带着一连串的疑问，以儿子、妻子、邻居为实验对象，进行了反复的观察实验。他们都是反复实验才得出结论的。

师：说得清楚明白！这是第三个相同点。

生：三个事例都是先写发现问题，再写反复实验，最后写得出结论。写法是一样的。

师：你是从写法上去发现的！请你写到黑板上。这是第四个相同点。同学们再想一想，每个事例中的发现问题、反复实验、得出结论，相当于我们平时写一件事的——

生：起因，经过，结果。

师：对啊！一般写事情，哪一部分要写得具体、详细些？

生：经过。

师：那么，在这三个事例中呢？

生：起因和结果写得比较具体，经过写得比较简单。

生：每个事例的经过只写了一句话，都是“经过反复的实验和研究”。

师：至于怎么实验、怎么研究的，一个字都没有写。这是为什么呢？

（生有些迷茫，师指点题目中的“真理”、“问号”）

生：为了突出真理是在问号之后诞生的。

生：问号与真理是因果关系。

生：有这么多的问题才会有这么伟大的结论。

师：对啊！作者选取这些事例是为了证明自己的观点“真理诞生于一百个问号之后”，重点要说明“真理”与“问号”之间的关系，说明没有问号就没有真理的诞生！你们刚才一个问题也没有，怎么可能发现这个观点是不是一个真理呢？（众笑）如果要证明“功夫不负有心人”，你认为应该将哪部分写具体些？

生：经过部分！把怎样反复实验和研究的过程写具体，就能看出功夫下得有多深了。

生：不写具体实验的过程，就体现不出那种坚持不懈的精神了。

师：同样的事例要证明不同的观点，所侧重的角度就不一样。既然三个事例基本上是相同的，为什么要写三个，写一个，或者两个不行吗？

生：写一个事例，别人以为那是偶然发生的。

生：一个事例不可信，有两个事例就不是偶然的，而是必然的了。

师：一个是偶然的，两个叫什么？

生：必然！

师：没这么快！（众笑）出现了一个，又出现了一个……

生：无独有偶！

师：对啦！只有一个事例那叫“孤证”！三个事例不是多余的吗？

生：俗话说“事不过三”，有三个了那肯定是真的了，不会再是假的了。（众鼓掌）

师：中国传统文化中就有这样的说法，也是人们普遍的看法。中国人证明观点要用中国人的办法！（众大笑）作者说完三个事例觉得还不够，又做了一个总结。谁来读一读？

生：（朗读）洗澡水的漩涡、紫罗兰的变色、睡觉时眼珠的转动，这些都是很平常的事情。善于“打破砂锅问到底”的人，却从中有所发现，有所发明，有所创造，有所成就。

师：“打破砂锅问到底”的人是什么样的人？

生：坚持不懈的人。

生：追根求源的人。

生：锲而不舍的人。

师：文中哪些是“发现”？哪些是“发明”？

生：洗澡水的漩涡、睡觉时眼珠的转动，这些是发现，石蕊试纸是发明。

师：发现和发明有什么不同？

生：发现的东西是本来就有的，发明的东西本来是没有的。

生：发明是创造了新的东西。

师：对啊！发明是一种创造，而做出重大科学贡献的创造才称得上“成就”。发现、发明、创造、成就，这四个词语表明了科学贡献的层次和大小。一起读一读这个语句。

（生齐读）

{板块三}

师：作者经过事例论证，最后得出一个什么结论呢？请你读一读最后两个自然段。

生：（自由朗读后，一生读倒数第二自然段）在科学史上，这样的事例还有很多，它说明科学并不神秘，真理并不遥远。只要你见微知著，善于发问并不断探索，那么，当你解答了若干个问号之后，就能发现真理。

师：这一段告诉你，“发现真理”难不难？

生：不难！

师：何以见得？

生：“科学并不神秘，真理并不遥远”，说明要发现真理并不像我们说的那么难。

生：“只要你见微知著，善于发问并不断探索，那么，当你解答了若干个问号之后，就能发现真理”，这个句子也说明发现真理其实不太难。

师：并不难！（板书）往下读！

生：（读最后一个自然段）当然，见微知著、善于发问并不断探索的能力，不是凭空产生的。正像数学家华罗庚说过的，科学的灵感，决不是坐等可以等来的。如果说，科学领域的发现有什么偶然的机遇的话，那么这种“偶然的机遇”只能给那些有准备的人，给那些善于独立思考的人，给那些具有锲而不舍精神的人。

师：这一段告诉你，“发现真理”容易不容易？

生：不容易。因为这里说“见微知著、善于发问并不断探索的能力，不是凭空产生的”，就是说发现真理的能力是很难具备的。

生：“决不是坐等可以等来的”说明发现真理不是那么容易的，是要付出努力的。

生：“只能给”就是一般的人是不可能发现真理的，发现真理是不容易的。

师：你是这样的人吗？

生：有一点。（众笑）

师：如果你是这样的人，那要恭喜你，你离发现真理不远啦！（众笑）发现真理并不易！（板书）

师：（指着板书）你们发现了什么？

生：这两段话的意思是矛盾的，一段说发现真理并不难，一段说发现真理并不易。

师：作者最后下了这样一个看似自相矛盾的结论，他想干什么呀？

生：不知道！

师：我知道你会说不知道。（众大笑）一般人都认为科学发现是科学家历经千辛万苦得出的结果，是望尘莫及、敬而远之的。但是作者说其实科学发现并不难，你听了会——

生：（接话）觉得自己也能发现真理。

生：觉得真理就在我们的生活当中。

师：说并不难，就会增强我们探索真理的信心，让我们充满激情地加入科学探索的行列。可是，正当我们满怀豪情的时候，他又说，科学发现并不易，让我们要有足够的思想准备，不要盲目和冲动。科学发现并不难，也不易，这就是辩证地看问题，这本身也是一个真理！（众笑）一起读一读这个结论吧！

（生齐读）

师：这篇文章作者先提出了一个观点——

生：真理诞生于一百个问号之后。

师：再用三个事例——

生：洗澡水的漩涡、紫罗兰花的变色、睡觉时眼珠的转动。

师：证明科学发现需要——

生：见微知著，善于发问，不断探索。

师：最后告诉我们，科学发现中的“偶然机遇”属于那些——

生：有准备的人，善于独立思考的人，具有锲而不舍精神的人！

师：观点、事例、结论，这是一篇简单议论文的基本要素，阅读这样的议论文就是要把握“观点、事例、结论”这三个要点。敢于怀疑，善于发问，勇于探索，才能最终发现真理。陶行知先生说：真理千千万，起点是一问。这一百个问号，最重要的是——

生：第一个问号！

师：这是不是一个真理呢？有待你们课后用事实来证明！

第二章　课堂教学反思

一、简约：课堂的别样美丽

——《爱如茉莉》教学后感

一支粉笔、一块黑板、一个老师、一群学生，没有表演，没有多媒体，没有小组讨论……这样的课堂犹如一幅简笔画，线条简单而又意境深远。简约的语文课堂，剔除了喧嚣与华丽，变得干净而又美丽。这，就是我向往的语文课堂，一如我依恋的儿时的乡村生活，自然而又惬意，宁静而又悠远。《爱如茉莉》就是这样一幅画，平淡而又真切，温馨而又恬静。我以为最适合用这样简约的课堂教学来展示、来演绎。什么样的课文，就应该用什么样的课堂教学再现。教学，其实是师生对课文的二度创作，是否选择最合适的形式，直接影响着“创作”的效果。

1. 给学生一根行走的拐杖

在一条黑暗的胡同里行走，你最需要什么？一只大手，可以牵引着行走；一个火把，可以照亮了再走；一根拐杖，可以边探边走。学生学习语文如同在黑暗的胡同里行走，需要教师给予直接的帮助、给予方法上的指点。一味地让学生自主、感悟，缺乏具体阅读方法的切实指导，就是让学生在黑暗中胡乱地摸索，阅读效率自然就低，阅读能力也很难提高。因此，我在教学伊始，就详尽地指导学生阅读这篇课文的两个方法：一是关注细节，从人物的一句话、一个动作、一个眼神中体会那细腻的真爱；二是感受语言，从一个字、一个词语、一个句子里面品味作者传情达意的精妙之处，领悟表达的方法与艺术。我明明白白地告诉学生：人间有真情，细节见真心；语言有温度，字词知冷暖。教学实践证明，具体、细致的阅读方法指导，能让学生在阅读理解过程中少走许多不必要的弯路。学生积极运用这两种阅读方法，边读边想，边想边写阅读感受，发现了课文中的诸多细节描写，也真切地体悟到了课文中爸爸、妈妈之间平淡纯净、历久弥新的爱情，阅读能力有了实实在在的提高。可见，学生提高阅读能力是建基在掌握相关阅读方法、策略之上的，方法、过程与能力唯有真正统一起来，才具有教学的实际意义。

2. 给学生足够的时间酝酿

有了足够长的时间酝酿，酒的品质才达到“醇”境。学生也像老酒一样，需要有足够的时间来酝酿出属于他们自己的思想。老师一提问，学生就纷纷举手，要么所提的问题没有思维含量，不需要深入思考就能回答；要么是教师明知故问，装点门面。凡是有思维含量的问题，都是需要学生经过深入的学习、思考才能得出结论的。判断一堂语文课的好坏不在于问题的多少，而在于是否有具有理智挑战的问题，在于学生有效思维时间的长度。有效思维的时间越长，学生的学习越深入，学生所获得的理解越深刻，个性化的见解就越鲜明、越具有深度，课堂教学才能真正实现思想的碰撞、心灵的交流，才能产生新的思想、生成新的精彩。

于是，在学生运用阅读方法自主阅读、仿写比喻句“爱如……”这两个学习段，我给予学生足够的时间，鼓励学生静思默想、潜心练笔。我耐心地等待，在等待中积极地巡视：及时地指点个别学生的阅读、写作，敏锐地发现学生在阅读、写作过程中的精彩与不足，在心中打好评点的腹稿……其实，学生酝酿的过程也是教师进行下一步教学指导的准备过程，真正的课堂教学智慧必定是在教师勤奋的观察与深刻的思考中产生的。与学生交流时，教师妙语连珠的评点，都是酝酿的结果。那种急于求成的教学，难免会蜻蜓点水，催生的阅读理解也就难免生涩。给学生足够长的时间去独立思考，课堂就远离了浮躁与肤浅，宁静的阅读心态自然会造就静心、睿智的阅读品质。

3. 让学生用笔来思考

语文阅读教学常常是“君子动口不动手”，课堂上见得多的是你说、我说、他说，却很少见到学生个个动笔写作。于是乎，学生往往练就了一张巧嘴，却留下了一只笨手：难以用书面文字准确、生动地表达自己的阅读理解。苏霍姆林斯基曾经说过，孩子的智慧出在手指尖上。此话很有道理。用笔来思考，也就是要求学生边读边用书面文字及时记录自己的阅读理解、阅读感受，书面记录的不仅仅是阅读的成果，更是自己阅读的心理轨迹。那些在阅读时偶尔闪现的思想火花和灵光，因为有了笔才得以留下精彩；那种在阅读时的圈圈点点、勾勾画画，其实展现的是思维的路径；为选择一个恰当的词语来表述阅读感悟而作的冥思苦想，是一种更加深入、更加缜密的思考。用笔来思考，就能让每一个学生都实实在在地经历思考的过程，拥有属于自己的见解和话语，从而打破了少数优秀学生独占课堂话语权的局面。因此，我在教学中尽量安排学生动笔：发现细节，用恰当的文字写下自己的阅读感受；模仿写法，用恰当的比喻写下自己对“爱”的理解。由于有了用笔阅读思考、用笔思考表达的过程，学生的学习交流不再是原有水平的简单重复，而是有了实质性的发展，精彩的课堂发言证实了学生的长进。可见，用笔来思考，应该成为学生的一种思维方式，一种有效的阅读方式，一种让学生终身受用的学习方式。

4. 让学生在语言的精妙处驻足

一篇课文学生自己读过几遍之后，大体上能了解课文的思想内容。语文教学就应该在学生已有的基础上展开教学，而不是从零开始。一篇课文，真正精妙的语言表达也就那么几处，那些有“陌生感”的语言往往隐含着语言表达的规律与艺术，是值得我们细细咀嚼与品味的。如果我们缺乏审读教材的独特眼光，就难以发现有核心教学价值的精妙之处，教学就流于面面俱到、走马观花，似乎什么都教了，又似乎什么都没有给学生留下。精心选择教学内容，集中有限的时间与精力，让学生在语言精华处驻足鉴赏、潜心揣摩、反复涵泳，直至领悟个中滋味，才能让语文教学删繁就简，实现柳暗花明的新境界。

《爱如茉莉》中描写“（病房里）爸爸坐在床前的椅子上，一只手紧握着妈妈的手，头伏在床沿边睡着了”的段落，借景抒情，语言细腻精美，不可不读，不可不品。于是，我引领学生去发现那些写得很“特别”的语句，发现“阳光”的与众不同之处，领会“一切景语皆情语”的写作真谛。《爱如茉莉》的结尾“哦，爱如茉莉，爱如茉莉。”含蓄隽永、意味深长，不可不读，不可不品。于是，我引领学生联系课文、联系生活、联系朗读，去发现这样结尾的独特之处，学生从不同的角度、从各个侧面进行了解读，对这样的表达方法了然于心。至于课文其他段落中的精妙之处，就大胆舍去，留待学生自己去揣摩了。一堂课，就精要的内容让学生学得充分些、学得透彻些，远比蜻蜓点水、雾里看花的教学要有用得多；一篇课文，就精华的部分让学生学得深入些、学得扎实些，远比面面俱到、浮光掠影的教学要有效得多。而做到这些，需要我们对教材、对课文做深入的解读与适切的取舍。看来，要让语文课堂变得简约起来，我们还得要有“诗外的功夫”啊！

二、幽默：教学的应有品质

——《我和祖父的园子》教学后感

一般来说，幽默的老师广受学生喜爱，在幽默风趣的语文课堂上学习语文简直是一种享受，而在一本正经的语文课堂上往往看不到学生的学习热情和灵气。事实上，宽松而富有情趣的语文课堂能营造一个有利于学生打开心扉、活跃思维、伸展想象的特定时空，使学生在语文学习过程中充满身心的愉悦感，让学生的表情变得丰富和生动起来，不再是令人恐怖的“一脸死相”。这，正是我理想的语文课堂教学状态，而幽默是其中不可或缺的要素。幽默是建立在三根支柱上的，那就是：

1. 善良

没有爱就没有教育，没有爱也没有幽默。幽默的课堂是建立在“爱”的基石上的。语文教师，乃至所有的教师，都必须心地善良、纯真，言行才能自然而然地保持一种本真的道德之美。课堂上，学生层出不穷的错误，甚至屡教难改的错误，会渐渐消磨我们的耐性，使我们的心灵钝化，直至麻木，柔软的心肠不知不觉中就会变硬。于是，课堂的情趣和幽默就再也生长不出来了。而保有那颗善良的心，却可以让我们的心变得柔软起来，话语变得更加富有人情味。

比如，在给学生听写三组词语的时候，很多学生一时没有集中注意力，写了前面的两个词语，后面的忘记了，或者某个生字一时写不出来了。我说："默不出可以偷看，只能偷偷地看一眼自己的书，不能看别人的，小心别人的也有错误哦!"学生会心一笑，一扫那种默不出时的紧张和不安，快速地"偷看"起来，而且看得特别仔细，记得也就特别牢固。你想，好不容易"偷看"来的，怎么能不珍惜呢？由此，学生也知道了课前预习的重要性，以后再有这样的听写练习，自然就有准备了。教学，不就是要学生从不懂到懂，从不会到会，从不能到能吗？给学生一个及时补救的机会，既解放了学生，也解放了自己。你若以此教训学生，则学生没了学习的兴趣，你也败了自己的兴致；而如果让学生"偷看"一下，不就是给学生当场学习的机会吗？"偷看"，幽默的背后是对学生的无限怜爱！

2. 深刻

如果幽默不能和语文学习联系起来，充其量只能是"噱头"。语文课堂的幽默要能促进学生的语文学习，使其在轻松愉悦的氛围中自然而然地获得语文知识和能力。这就需要语文教师对语文教学有深刻的理解，对语文教材和教学有本质的把握，能提炼出核心的语文知识内容，并进行艺术化的设计，化难为易、化繁为简、化枯燥为情趣。没有这种深入研究的功夫，又怎么能在课堂教学中左右逢源、随机应变、妙趣横生呢？一切课堂教学中生成的精彩，几乎都源自教师教学预设的深刻、完美。比如，我和学生围绕《祖父的园子》的语言进行了两段对话。

（1）如果我在课堂上，想唱歌"就唱歌"（生接），想说话"就说话"（生接），想打瞌睡"就打瞌睡"（生接），想不听"就不听"（生接），想走出去"就走出去"（生接）。自由吗？生接"自由"。可能吗？生接"不可能”。倭瓜、黄瓜它们可能吗？生接“可能”。这，就叫“自由”！这种自由是通过“愿意……就……”的句式描述出来的，一起读一读吧。

（2）课文中说“祖父整天都在园子里，我也跟着他在里面转”，我在祖父的园子里做什么呢？课文中是这样写的：祖父戴一顶大草帽“我就戴一顶小草帽”（生接）；祖父栽花“我就栽花”（生接）；祖父下种“我就下种”（生接）；祖父铲地“我也铲地”（生接）；祖父浇菜“我也浇菜”（生接）；祖父坐下来休息一会儿“我也坐下来休息一会儿”（生接）；祖父喝口水“我也喝口水”（生接）；祖父抽袋烟“我也……”这个不能抽！作者这样写，让你有什么感觉？

这两段教学为什么能做到妙趣横生而又自然妥帖？原因在于师生对话的是课文语言中的精彩之处、特别之处，一般的教学往往将作者这两段独具匠心的语言遗漏，很容易从上面滑过去。而我却将“祖父做什么，我就做什么”、“想怎么样，就怎么样”这两个极富个性的言语方式通过饶有情趣的幽默对话夸大了，再呈现在学生面前。学生在如此幽默的对话中，真切地感受到了语言样式的特别之处，笑过之后便能自觉关注类似这样的语言样式，且过“嘴”不忘。语文教学如果脱离课文的语言学习，仅仅摆弄一些所谓的“噱头”，就容易使语文课堂陷入低俗化的尴尬境地，学生的语文学习品质就难以保证。将幽默建立在深入研读教材和深刻理解语文教学的基础上，才能保证语文课堂的品质。

3. 生活化

幽默来自于活生生的现实，来自于师生生活。凡是幽默，都是现场即兴造就的，而不是刻意设计的；是自然生成的，而不是有意为之的。因此，语文教师在教学中应该将注意力放在学生的学习活动上，目光要始终落在每一个学生身上，关注学生的学习状态，仔细观察学生的情绪变化、表情的细微差异，及时地评判学生的学习心理，以幽默风趣的话语消除学生心头的疑虑、不安、紧张等消极因素，调整到最佳的学习状态。在教学《我和祖父的园子》时，似乎学生在学习中没有什么困难，课堂教学显得很顺畅。其实，顺畅的背后是教师对学生课堂学习生活状态的准确把握，是对教学节奏、教学语言的及时调整，是用睿智而风趣的导语消除了可能存在的学习障碍。比如，学生在描述“我和祖父”的关系时，总是说“好”字，这是学生思维惰性和惯性使然。他们在生活中常常说“好”、“很好”、“非常好”之类的话语，而不能自觉地用更加准确的词语来加以描述、界定。要提高学生的语言品质，就要“堵”住学生的语言惯性之口，该怎么办呢？我使用“故错法”，将几个“好”字集中起来说话，造成一种“笑料”：

这个词比刚才那个词好多了。今后我们用词不要总是用“好”，好不好？（学生大笑）现在不只用“好”了，那就好了。（学生又大笑）

学生在这种原生态的生活化的语言中，切实感受到语言单调重复的可笑，幽默的笑声过后学生就再也没有出现类似的问题。可见，学生语文学习中的问题还是得用生活化的办法解决，而幽默则是其中比较受欢迎的手段而已。

三、智慧：课堂生成的精彩

——《你必须把这条鱼放掉》教学后感

{教学片段一}

师：同学们能看出老师现在的心情吗？

生：我看出老师现在很兴奋，因为有这么多人来听你的课。

生：老师现在很高兴。你脸上露着笑容，高兴得眼睛都眯成一条缝了。（众笑）

生：我看出老师有一点点紧张。

生：老师心情有点急切。

师：是吗？

生：你好像都有点等不及了。（众笑）

师：同学们个个心思细腻，都有一双慧眼，从老师的神态、眼神，甚至动作中，猜测出老师此时此刻的心情，这就叫“会看”。我们在读书的时候，就要注意那些描写人物神态、表情、动作、话语的词语、句子，揣摩人物当时的心情，这样才能真正读到人物的心里去。（出示句子："汤姆小心翼翼地把鱼竿拖出水面。哇！一条他从未见过的大鲈鱼！"）你能从这个句子中看出汤姆此时的心情吗？

生：高兴，我从"从未见过"这个词看出来的。

生：非常惊讶。这个"哇"字就表现出来了。

生：很欢喜。

师：同学们都能从字里行间读出"惊喜"来，真不简单！"哇"、"从未见过"以及两个"！"都说明汤姆此时的心情是"惊喜"。现在，谁能通过朗读，将这种心情表现出来？

[教学意图：通过对话，让学生自然而然地懂得揣摩人物心情的基本方法——察言观色；通过举例示范，让学生学习如何抓住表现人物"言"与"色"（神态、动作等）的词句，揣摩语言背后蕴含的心情，培养学生掌握"读中体会"的阅读方法。]

{教学片段二}

师：刚才同学们通过朗读，体会到了汤姆心情的变化过程。现在，请你用"当……的时候，汤姆……（心情）"的句式简要地复述汤姆放鲈鱼的过程。

生：当汤姆钓到一条从未见过的大鲈鱼的时候，心里十分惊喜；当爸爸让他把鱼放掉的时候，汤姆很不情愿；当汤姆知道没有办法不放鲈鱼的时候，真是无可奈何；当汤姆放掉那条大鲈鱼的时候，感到十分遗憾。

师：说得很完整。谁还能说得更连贯些？

生：汤姆钓到了一条他从未见过的大鲈鱼，心里又惊又喜；这时，爸爸却命令他把鱼放掉，汤姆很不情愿；当他知道爸爸那里没有丝毫商量的余地时，无可奈何地把鱼放回了水里，感到非常遗憾。

师：这叫"会说话"！简洁、连贯、清楚、明白！

[教学意图：在"读中体会"的基础上，引导学生用规范的句式将汤姆

放鱼的过程与心情联系起来进行简要复述，既回归了课文整体，又促进了学生语言概括、复述能力的发展。]

{教学片段三}

师：假如你是文中的汤姆，你愿意放掉这条鲈鱼吗？

生：不愿意。

师：假如是我，我也不愿意。而且，我有办法说服爸爸，把这条鲈鱼带回家。你们信不信？

生：不信！

师：那好，现在我们来表演一下。我演儿子汤姆，你们来演爸爸。要演好爸爸，首先要记住他说过的三句话！谁还记得？

（生复述爸爸说过的三句话）

师：行！你可以来演了。你现在是谁？

生：你的爸爸！（众笑）

师：对了！真机灵！记住，作为爸爸，只能给儿子——我（指自己）讲道理，要以理服人，不可以强词夺理，也不能以武力威胁，更不允许耍赖。（众笑）

（生点头）

师：要不要请个“诸葛亮”当参谋？

生：要！（从同学中找了一个自己熟悉的当参谋）

师：（拎起一张白纸）爸爸，爸爸，我钓到了一条大鲈鱼！

生：孩子，你必须把这条鱼放掉！

师：为什么？

生：（指指手表）现在是晚上十点——离允许钓鲈鱼的时间还有两个小时。

师：（朝四周看看）放心吧，爸爸，没有人看见我们，也没有人知道我们在这个时候钓到了鲈鱼。

生：不管有没有别人看见，我们都应该遵守规定。

师：爸爸，规定是死的，人是活的。不就是两个小时吗？您何必当真呢？

生：就是两分钟也不行，必须遵守规定！

师：爸爸，一条鱼又不值几个钱，您睁只眼闭只眼算了。

生：如果人人都像你，这个社会成什么样了？不行，你把鱼放了！

师：爸爸，您对别人严格要求，我没有意见。我可是您的亲生儿子呀！

生：就因为你是我的儿子，所以我更要对你严格要求。不然，你长大了会犯大错误！（众笑）

师：假如您不答应，我就不认您这个爸爸！我们断绝父子关系！（众大笑）

生：我宁愿不要你这个不遵守规定的儿子！（众大笑）

师：（自言自语）看来爸爸真生气了，宁要规定不要儿子。算了算了，爸爸，我听你的话，就把这条鱼放了吧。

生：这才是我的好儿子！（众大笑）

师：你们喜欢这样的爸爸吗？

生：不喜欢，他对儿子太凶了。

生：我也不喜欢，他应该满足儿子的要求。

生：不喜欢，这样的爸爸没有父子情意了。

生：不太喜欢，但他要求儿子遵守规定是应该的。

师：（表情严肃）同学们，世界上父母的爱有两种：一种是温柔的爱，能让我们得到满足，感到温馨；一种是严格的爱，虽然让我们感到有点“苦”，但是却能让我们终身受益，能让我们健康成长。这样的爱，更珍贵！这样的父亲，更令人敬重！你希望有这样一个父亲吗？

[教学意图：将“自觉遵守社会公德”这一价值观的引领蕴含在“父子表演”的情境之中，寓庄于谐、寓教于趣，强化了学生对于“情与法”的切身体验。通过师生对文中父亲形象的“辨析”，提升学生对“爱”的认识，让学生真正从内心确立正确的价值观念。这样的语言综合实践活动，真正体现了语文“工具性”与“人文性”的统一。]

{教学片段四}

（生齐读课文最后一节）

师：汤姆有遗憾吗？哪一句话会铭刻在汤姆的记忆里？

生：不管有没有别人看见，我们都应该遵守规定。（师板书：不管……都……）

师：生活中有哪些规定我们要自觉遵守？请你用上“不管……都……”这组词语说一说。

生：过马路的时候，不管有没有警察看见，都不能闯红灯。

生：在校园里，不管有没有老师看见，都不能随手乱扔垃圾。

生：在公园里，不管有没有人看见，都不能随便摘花。

生：喝了酒，不管有没有警察发现，都不能开车，否则，后果自负。（众笑）

师：生活中，有许多规定，不管有没有别人看见，我们都应该自觉遵守。

[教学意图：联系学生的生活，通过造句训练，将学生得到的人生道理投射到现实的生活中，导之以行，实现语言与精神的同构共生。]

语文课应该充满语文的滋味。所谓的“语文味”，就是师生从语言文字当中品味出来的情意、哲理、魅力。因此，语文教学离不开字、词、句、篇，离不开听、说、读、写，离不开理解、感悟、积累、模仿迁移等实实在在的语言实践活动。“从字里行间体会人物心情”、“运用句式复述过程”、“联系生活造句训练”等教学活动，让学生直面文本、触摸文字，进而习得语言，促进语言表达能力的提高。语文课缺少语文的滋味，就失去了语文的本真，也就失去了语文教学的价值追求。

语文课应该充满生活的气息。语文教学应该从学生的生活中来，再到学生的生活中去。前者是语文教学的起点，后者是语文教学的归宿。如让学生“揣摩老师现在的心情”，既沟通了师生的心灵，又使学生在简单的对话中明白了体会人物心情的基本方法，并能迁移到后续的阅读活动中。生活化的语文教学总能让学生感到轻松愉悦。远离生活的语文课堂必然缺乏学生鲜活的生命跃动，必然枯燥；脱离生活的语文教学必然缺乏学生真实的生活体验，必然肤浅。回归生活，关注生命，走进心灵，这才是活的语文课！

语文课应该充满智慧的挑战。语文课堂应该是展示师生生命智慧的平台。因此，语文教师需要广博的知识背景和宽容的教学态度，鼓励学生发表自己的见解，并适时引领学生走向深刻、走向创造。“父子对话表演”就是这样一个综合的、富有思维深度的言语实践活动。“儿子”抛出一个又一个“刁蛮”的理由，需要“父亲”充满智慧的解答。学生正是在这样的活动中，迸发出了思维的火花，闪现了思想的光辉，激发了言语的智慧，获得了多方面的发展。这样的语文综合实践，也促进了学生语文能力与人文精神和谐发展，实现了语文工具性与人文性的内在统一。

语文教学永远是门遗憾的艺术，教学中的诸多意外，与其说是瑕疵，不如说是改进教学的契机。因为，多发现一个新的问题，你就多了一份教学的反思，就多了一项教学的预设。课堂，也就多了一个可以预约的精彩！

四、清晰：聚焦于语言文字

——《燕子》教学后感

小学语文教学的主要任务是指导学生正确地理解和运用祖国的语言文字，培养学生听、说、读、写的语文能力。而阅读课，则侧重于指导学生正确地理解语言文字，既要正确地理解课文的思想内容，又要正确地理解课文的表达形式。我们绝大部分的阅读课，重在指导学生理解课文的思想内容，试图通过课文内容的理解带动语文能力的培养，走的是“带着学生感悟课文”的路子。尽管“感悟课文”的过程中也涉及语言的表达形式，但是基本上徘徊在“你从中体会到了什么”、“这样写有什么妙处”这样的问题上，仍未走出“跟着课文内容跑”的圈子。于是，阅读课教着教着就变成了课文内容写什么，我们就教什么。阅读课一会儿上成了科普课，一会儿上成了品德课，一会儿又上成了“四不像”的课。

我以为，必须“让语文课清晰起来”，把阅读课的重心转移到语文知识、语文能力上，通过课文内容学习其中的语文知识，进而通过相应的语文实践，形成并发展学生的语文能力，把目光聚焦在语言文字上，走“带着学生学语文（学知识长能力）”的路子。“课文无非是个例子”，阅读课就是通过这个“例子”，教给学生清晰明了的语文知识，发展学生的语文智能。这样的阅读教学，就具有语文的专业特点，学生就能学到生活中学不到的东西。必须指出的是，这里的“语文知识”，包含四个方面，借用皮连生教授关于知识维度的分类，可以表述为事实性知识、概念性知识、程序性知识、反省知识。其中“程序性知识”，就是学习语文的诸多方法和运用策略的知识，如阅读散文的方法、概括文意的方法等。知识是能力的基础，但知识绝不是语文教学的终点，更不是语文教学的全部。

小学语文教材中的许多课文都是文质兼美的经典文学作品。尽管在编入教材时经过了编者的改动，缺少了原著独有的文学韵味，但这样的经典作品，往往蕴藏着“语言的秘密”，即语文知识、语言规律，也蕴藏着“情意的魅力”，即思想的力量、情感的熏陶。教学这样的经典作品，究竟是重在语言学习，还是重在文学阅读？抑或两者兼顾？

我以为，对于经典的作品，用一个星期甚至两个星期的时间，从不同的角度教出不同的内容，让学生获得多方面的知识与发展，也未尝不是一个好办法，至少比走马观花似的教学要有效得多。而在目前教学的常态下，我以为小学阅读教学有别于中学语文教学、大学语文教学，首要的任务还是应该聚焦在语言文字上。教得清晰一点、透彻一点、实在一点，这是一个任务。在此过程中，适时打开文学阅读的大门，教得丰富一些、灵动一些、精彩一些，乃是一种境界。

基于上述观点，我将《燕子》的教学目标定位于四项：①学习课文中的生字词，联系生活或课文语境理解意思，并在教师的指导下体会关键字词所表达的特定情意。②练习概括段意，进而把握课文的主要内容。③在教师指导下，初步感受燕子的优美形象及文中优美的词句。④练习有感情地朗读课文，并背诵课文。

对应这四项教学目标，我设计了四个板块的教学活动：①指导学生正确认读课文中的 9 个生词及多音字，朗读 6 个定中词组，把握重音并体会节奏之美，为朗读课文定下轻快的基调。②用一个恰当的词语概括每个自然段的内容，重点指导学生运用“抓住句与句之间的联系”的方法，准确概括第 2 自然段的意思，进而把握课文的主要内容。③朗读，初步感受燕子的外形之美、春光之美、飞行及停歇之美，围绕“作者是怎么写出燕子外形之美”，引导学生从“抓住特点、用词优美”两个角度理解课文的表达方法与语言形式，通过“置换比较”、“对比朗读”感受4个定中词组的排列结构及节奏音韵之美，通过“故漏法”领会“小”字的独特意蕴及表达规律。④探究其他段落语言形式上的表达规律，加深对“抓住特点、用词优美”这一表达方法的理解与体会，并能有感情地朗读课文，运用“关键词”记忆法练习背诵课文段落。在实际教学中，我所教的和学生所学的基本一致，集中在：认读生字词；练习概括；发现“抓住事物特点，用优美的词语描述”的表达方法；朗读背诵，积累语言素材。而这些教学内容，正切合了语文课程标准中3—4学年段的阅读教学目标。

需要做学理探究的是：①所教的这些语文内容是否科学？比如，“抓住特点、用词优美”这个知识点，表述是否科学？究竟是属于写作学的知识，还是词汇学的知识，或者是语音学、朗读学的知识？②所教的这些语文内容是否为学生所需要？比如，“抓住句与句之间的联系”的概括法学生是否已经在这之前学习过？为何一定要在这篇课文中学习？依据是什么？如果需要学习，教学结束后学生是否已经掌握了？③所教的这些语文内容在一个小时（或两个课时）之内完成，是否显得庞杂？是否有精简的必要？……对教学内容的不断追问，可以让我们教得更清晰一点，也更有底气一点！

五、意味：用心才能看得见

——《桂花雨》教学后感

语文教材中的课文大多是文质兼美的白话文。借用一下“二八法则”——学生用心多读几遍，一篇课文中大约80%的内容都能读得懂，只有不足20%的内容需要教师教。阅读教学就是教师教学生学会阅读，就一篇具体的课文而言，我坚持三个不教：学生已经懂的不教，学生能自己读懂的不教，教了学生也不懂的暂时不教。如此，真正需要教的内容就很精要，教学目标就很集中。面面俱到，就课文内容讲课文内容，忽视学生听、说、读、写的语文实践，必然降低学生对语言文字的敏感度，弱化学生对文本的深入思考与深度体验。

教学《桂花雨》，就是要教会学生怎么读散文。“怎么读”说到底就是

“在课文的什么地方读到些什么”。阅读散文的关键是能从“文”中读出“情”来，从缤纷的桂花雨中读出那淡淡的乡愁来。而四年级的学生一般关注的是课文的主要内容：爱花香、摇花乐、忆花雨，对其中蕴含的怀乡之情，缺少自觉的情感体验；课文在原文的基础上进行了删改，“桂花，真叫我魂牵梦萦”，这个散文的文眼被无意中删去了；母亲、父亲用桂花供佛的情景也没有了，对杭州满觉陇的描述也省略了……加之学生少有离乡别亲的思绪与情感积累，一时很难从5个自然段中真切而自然地体悟到作者内心的丰富情感。如此，《桂花雨》的教学就是要教学生从浓浓的桂花香中，体悟到淡淡的乡愁。那么，课文中的哪些地方值得学生去静静地阅读、细细地体悟呢？我紧扣一个“香”字，在学生易错、易漏、易浅、易碎的地方，加以必要的点拨和引导。

在误读的地方纠正。课文的第一自然段看似简单，却易误读。学生往往以为作者喜欢桂花，就是喜欢笨拙的树、茂密的叶、细小的花以及迷人的香气，而不知道作者是用衬托的手法，突出桂花值得我喜欢的是迷人的花香。我在学生朗读时及时地插话：树好看吗？叶好看吗？花好看吗？以问促读，拨开迷雾见晴天，学生就读得心里透亮了。

在漏读的地方提示。课文中多处写到了花香，学生也一读就懂，但很容易“滑”过去，看不到语言文字丰富的意蕴和独特的表现力。一个“浸”字，将无形的香气写得可感可触；一个“沉浸”，将桂花的香味与心中的甜美、浓郁的乡情写得鲜明生动。散文语言的魅力就体现在那些很寻常的字眼上，让学生在这些容易疏漏的地方驻足欣赏、品味一番，渐渐地就能磨砺出学生敏锐的语感来。而散文的阅读与鉴赏，离不开对语言文字的揣摩功夫。

在浅读的地方深化。“外地的桂花再香，也比不得家乡旧宅院子里的金桂。”对这句话，学生大多能体会出母亲对家乡的思念之情。然而，“外地的桂花”如何之香？家乡的金桂为何最香？母亲何以说出这样的话？作者何以还能记得？……这些问题都是学生不曾想到的。于是，我补充了作者的“经历”，补充了写作的特定“时空”，学生就能从这个句子里读到平时读不到的韵味。散文阅读就是要在看似读懂了的地方读出深层的意蕴来！

在碎读的地方粘连。散文的精髓是“形散而神不散”。爱花香、摇花乐、忆花雨，写的始终是“桂花”，而“香”则是串起这些内容的一条红线；香→乐→甜→愁，从“香”中透露出的情思，最终都凝聚到一个“乡愁”上：再也闻不到故乡的桂花香，愁；再也尝不到故乡的摇花乐，愁；再也吃不到故乡的桂花糕，愁；再也看不到故乡的桂花雨，愁……这样粘连，情就浓了，“神”就有了。阅读散文，就是要将那些看似毫无联系的、零散的“碎片”，黏合成一个具体、鲜明的形象，捕捉到一种弥散、隐秘的情感。这样的阅读，才切合散文阅读的特质。

阅读《桂花雨》的过程，就是教会学生阅读这样一类散文的过程。散文中散落的种种“意味”，只有用心读，才能看得见！

六、语文：用儿童的方式教

——《我选我》教学后感

在我看来，学语文是一件简单而快乐的事情。简单才容易让人听得懂、学得会，进而产生学习的成就感、愉悦感。低年级的阅读课文，大抵内容简单、语言朴素，儿童喜闻乐读。除了生字词，我们常常觉得没什么可教的，于是便无端地生发出许多自以为是的教学内容来。其实，低年段的语文教学，就是教学生识字学词、教儿童学习朗读、教儿童学习表达，如此而已。至于课文的深刻含义、丰富情感，大可留待以后慢慢体会内化，这恰似动物的“反刍”。《我选我》就是这样一篇简单得一读就懂的课文，我顺应儿童学习语文的天性，选用适合儿童的教学方式，教得简单明了，却让儿童学得丰富而趣味盎然。

1. 在反复“介绍”中习得规范的句式

课文中的生字词往往零散地分布着，教学中可以将这些生字词围绕一个主题，形成一个个词串，既方便学生理解记忆，又利于学生学习运用。《我选我》这篇课文生字词较多，我便组成两组词串：补选、愣住、亲切、掌声，教室、班级、集体、委员。对于第二组词语，学生并不陌生，但不是很了解。于是，我结合实际情况，借用文中的规范句式“李小青是我们班的劳动委员”及“我们班的劳动委员是李小青”引导学生试着介绍自己班级的各个委员，进而介绍自己的同桌、同学、好朋友，鼓励学生做自我介绍。起初，学生对自己班级的委员不甚清楚，甚至对自己的同桌都不太了解，然在学习介绍的过程中，从了解到熟悉，增进了彼此之间的情意。而规范的句式也在这翻来覆去的介绍中，自然而然地转化为了学生的语言，正可谓一举两得。

或许有人以为这样的重复训练只是鹦鹉学舌般的机械操作，未免单调而枯燥。然而儿童偏偏喜欢这样的简单重复，《西游记》中的故事，几乎每一集都是雷同的情节和内容，看到开头就知道结果，但儿童就是对此着迷。秘密就在于，简单的重复让儿童觉得可以把握，容易理解，内心便有一种安全感。更何况，儿童的语言本来就是在反复的模仿中渐渐丰富起来的，一个孩子往往是重复了千百遍的“爸爸妈妈”，最终才开口说话。简单的课文，其教学价值正在于让学生通过反复的模仿，渐渐习得规范的语言。理解儿童，才会懂得简单反复的教学意义。

2. 在教师“故错”中学得朗读的方法

低年段的朗读教学是一项重要的任务，但我们不知道怎么教学生学习朗读，更不知道朗读要教些什么。可以说教师教得糊涂，学生学得模糊。《我选我》并不是一篇难读的课文，但若不认真教学生练习朗读，有相当一部分学生还是难以读正确、读流利，更难读得有感情。教学中，尤其是公开教学时，我们切不可以部分学生的朗读水平掩盖所有学生的朗读真相。朗读教学最简单的方式莫过于教师的范读、领读，而范读有“正读”与“误读”之分，我选用了后者，即教师“故意出错”，以此让学生发现应该关注的朗读要点。错读多音字、漏读关键字、误读提示语，三个“故错”，既让学生因发现教师的错误而兴奋不已，又让学生自然领悟朗读的要求和要领。而战胜老师，读得比老师好，就成为学生练习朗读的直接动力。

对于低年级的学生来说，指导朗读不能讲名词术语，但又不能不讲朗读知识。让学生在实践中学得会又听得懂，实在是一种教学的智慧。比如，教学生怎么样处理段与段之间的长时停顿。仅仅说要停顿时间长一些，学生很难记住，把握准。我用“滴答滴答”的形象语言，一下子就让学生学会了停顿。可见，“故错”也好，“滴答”也罢，只要是采用适合儿童的话语方式、适合儿童的话语系统，教师就可以教得简单明了，学生也学得轻松愉快。

3. 在情境“迁移”中领悟思考的路径

《我选我》的文本中插入了一个问题：为什么王宁的话刚说完，教室里就响起一片掌声？乍一看，这个问题挺简单。但是仔细一想，学生该从何处入手思考解答呢？教学中教师一般让学生自行思考，往往是几个思维活跃的学生替代了其他学生的思考，答案出自优秀学生的头脑。但教学的价值不在于学生有没有获得正确的答案，而在于是否经历了一个思考的过程，找到如何思考问题的思维路径。没有正确的思考路径，学生只能凭直觉去猜测，这样的教学难以促进学生的心智发展。教学中，我借用一个学生朗读后大家鼓掌的情境，启发学生思考：刚才你为什么给他鼓掌？你的掌声表示什么意思？有了这样一个具体的语境，学生从自身的课堂经历出发，便能够选用恰当的词语来表达掌声的含义：表扬、肯定、赞许……由此，我再让学生回到课文的语境中，思考同学们为什么给王宁鼓掌，便不再是一件难事，因为学生已经领悟到了思考问题的路径。

可见，由生活情境到课文语境思考路径的“迁移”，促进了学生理解能力的发展。教学就是要教会学生思考问题的方法，寻找到思考问题的路径。这样的教学才是专业的，才会让学生越学越聪明。

低年级的语文教学看似很简单。但是，如果你不了解儿童，不熟知儿童的学习规律，就会人为地造成一些困难。用儿童需要的方式去教学，或许最符合儿童的学习之道。顺势而为，才能水到渠成。

第三章　组块教学例谈

一、知其然，知其所以然

——古诗词教学例谈

小学语文教材中的现代文，学生多读几遍，大体上都能读得懂；而古诗词和古文，有时“书读百遍”，“其义”也未必能“自见”。学生是卡在了某些字、词、句上，教师不讲学生就很难自己读懂。有人主张古诗词教学重在熟读成诵，可以不求甚解，然学生对诗词一知半解、囫囵吞枣，就难以正确地理解诗词的内在含义，难以真切地领略诗词的独特魅力，留下的一个个“枣核”，可能会造成学生阅读时的消化不良。因此，在古诗词教学中，教师当讲则讲，讲必讲准确、讲透彻。

1. 知其然

在实际的教学中，出现了两种现象：一种是教师照本宣科，将参考书上的注解搬给学生，将古诗词翻译成现代文，理解诗词变成了同步翻译；一种是教师自以为是，想当然地将自己的理解当成是唯一正确的解读，误读、错解便在所难免。听过好几位教师教辛弃疾的《清平乐·村居》，其中“醉里吴音相媚好，白发谁家翁媪”的“醉”字，都作为重点品味的字眼，教师反复组织学生理解“醉”的含义，想象“醉”的原因。学生大致有两种理解，一种理解为“喝醉”，即词人在醉意朦胧中，听到白发翁媪的吴侬软语，觉得格外悦耳动听；一种理解为“陶醉”，即词人看到白发翁媪互说着吴侬软语，陶醉在这温馨的情景中了。上课的老师都予以肯定，而且似乎更加赞赏“陶醉”一说。但经专家考证，宋之前诗词中的“醉”字，只当“醉酒”讲，而没有“陶醉”的意思。如“醉里挑灯看剑”、

"醉里且贪欢笑，要愁那得工夫"、"沉醉不知归路"等句中的"醉"字，都是指作者自醉。在现代文中，"醉"当"陶醉"的时候居多，故而老师们常常想当然地解释为"陶醉"。一如"已讶衾枕冷，复见窗户明"中的"窗户"，在古文中"窗"是"窗"、"户"是"门"，如果将诗句中的"窗户"当成现代文中的"窗户"来理解，就是自以为是，以讹传讹，误人子弟了。

因此，古诗词教学首先要求教师对诗词中关键字词的解读做到准确无误，凡有拿捏不定的，须做学术上的考证，真正做到"知其然"。

古诗词中的字词解读，尚有据可查，然对古诗词中的思想、情感、审美的理解就难以判别孰是孰非了，至于诗词中的意象、节奏、语言，更需要教师有足够的文学功底和解读功夫了。

诗词的语言有别于现代文的语言，更具抒情性、含蓄性、精练性、跳跃性，常常发生"变形"。所谓"变形"，是指诗人在创作过程中，出于一定的审美理想和表达需要，对所要反映的事物有意改变其性质、形态、色彩等，以增强表现力和审美感。如果我们不从"变形"的角度进入，就很难读懂诗词的真正意味，即使是现代诗，乍一看也未必能完全读懂。比如艾青的《小泽征尔》："你的耳朵在侦察/你的眼睛在倾听/你的指挥棒上/跳动着你的神经"，耳朵可以倾听，眼睛才用来观察，但是诗中却反其道而言之，看似不合常理的"疯话"、"胡话"，实际上就是诗人带上了特殊的感情之后，其感觉产生了变异，在语言上就出现了"变形"。作者将视觉、听觉、知觉、触觉进行了转换与错位，借助"通感"的艺术手法，创造出了一个新奇的世界，从而展现小泽征尔与众不同的艺术表现力，让诗人产生了无与伦比的美感与震撼，此所谓感觉"变形"。而杜牧的《江南春》中，"千里莺啼绿映红，水村山郭酒旗风"一句里的"千里"，就是一种夸张"变形"，意为"处处"，但直接说"处处"就没有诗意了。但是明朝的杨慎却对"千里"发出了令人可笑的质疑："千里莺啼，谁人听得？千里映红，谁人见得？若作十里，则莺啼绿红之景，村郭、楼台、僧寺、酒旗皆在其中矣。"这是不解诗歌在语言表现上的夸张变形，不懂得想象、虚拟、假定是理解诗歌的关键所致。

在古诗词中，“变形”在语法上的表现主要为“改变词性、省略句子成分、颠倒语序”等，如白居易的《夜雪》中“夜深知雪重，时闻折竹声”，实际上是颠倒了语序，应该是先有“时闻折竹声”，后有“夜深知雪重”。这些语法上的“变形”，主要意图是建立格律，以造成韵律之美，给读者留下艺术想象和再创造的空间。“变形”的诗词语言，往往造成阅读诗词时的陌生感，增加了学生理解的难度，因此需要教师适时的讲解、点拨，使其知其然，便可化难为易。

2. 知其所以然

知其然不易，而知其所以然则更难。小学语文教材中选入的古诗词，一般是文质兼美的经典之作，我们读后常常有一种难以言说的美感，只可意会不可言传。但是教学最要紧的就是要“言传”，教师要能看到学生看不到的东西，说清学生说不清的东西。如果教师和学生一样，只能整体感悟，而不能细致分析，教学跟着感觉走，就弱化了教学的指导功能，丧失了教师的引领作用。古诗词教学，教师不但要能知其然，还要能知其所以然，将诗词中的种种妙处，讲得让人心服口服。久而久之，学生定能对古诗词产生发自内心的热爱与探究的欲望。

“锄禾日当午，汗滴禾下土。谁知盘中餐，粒粒皆辛苦。”这是李绅脍炙人口的诗，学生都能熟读成诵，可就是说不清好在哪里。福建师范大学文学院的冯直康老师曾经就这个问题致信孙绍振教授，请教如何分析这首诗，如何感受其中的精彩。孙教授运用还原法，分析了此诗的三个好处，其中第二个好处在于语言的精致和谐。他认为全诗的关键词是汗“滴”和谷“粒”，就是汗珠变成了谷粒。他将诗中的“滴”字与“落”字从联想角度做了比较分析：“首先，‘滴’引起的联想，是液体的下落，而‘落’引起的联想，则包含着固体；其次，‘滴’引起的联想，只能是椭圆形的，而‘落’，则隐含着任何形状；第三，‘滴’引发的联想，是小而细微的，而‘落’则不排除体积比较大的；第四，‘滴’引发的联想，是连续的，而‘落’则可能是一次性的。这四者就决定了，‘汗滴’和‘粒粒’之间高度的相似，而汗

‘落’则缺乏这样的程度上的相似性。”如此深入浅出的分析，将不可言传的妙处说得清楚明了，足以让人对这首通俗易懂的古诗产生耳目一新的感觉，个中的滋味便越读越浓。

古诗词中有些语句看似寻常之笔，但却意味深长，教学中不但要准确注解，而且要能解得其中的真味，以提高学生对语言文字的敏感度。如《清平乐·村居》下阕中“大儿锄豆溪东，中儿正织鸡笼。最喜小儿无赖，溪头卧剥莲蓬。”初读觉得很是寻常，写的是白发翁媪的三个儿子各得其乐，尤其是小儿子天真可爱，在溪头玩耍，将“无赖”当作“可爱”理解。殊不知，这句是化用了汉乐府《相逢行》中的诗句：“大妇织绮罗，中妇织流黄；小妇无所为，挟瑟上高堂。”大妇、中妇都有事可做，唯有小妇无所事事。从这一化句中可以得知，《清平乐·村居》中的小儿“无赖”，表面上是“可爱”之态，而实际上是说小儿无所事事，“无赖”当作“无所为”理解。进而联系作者写作这首词时的处境——被贬江西上饶，虽忧国忧民，却无能为力，便可理解作者写三个儿子，本意是以小儿自喻：空有报国之志，却赋闲在家无所事事，百无聊赖之人看百无聊赖之事，那种埋在心底的忧愁与无奈便脱口而出。如此知其然，且知其所以然，解读与教学就不会再停留在语言文字的表面，而能深入字词深处，触摸到作者的情感。

至于那些点睛之笔，如“春风又绿江南岸”中的“绿”字、“红杏枝头春意闹”中的“闹”字，个中的美妙之处，亦应说得透彻、清晰而又通俗易懂，让学生领略到祖国语言文字的无穷魅力。如此，诗词教学便有了一种品位。

3. 出其然

阅读与阅读教学是两个不同的概念。阅读时知其然，知其所以然，那是读得深刻；阅读教学则须在教师阅读理解的基础上，做教学的转化，要科学而艺术化地将本真的解读传递给学生，更要“出其然”。假如深入深出，学生便难以理解，讲比不讲还要糟糕。“出其然”正是要教学做到“深入浅出”、“通俗易懂”、“明白如话”，而采用何种方法来解读古诗词，便显得尤为关键。读散文要用散文的读法，读小说要用小说的读法，读诗词自然要用诗词的读法来解读，让学生掌握适切的读诗方法，学生将终身受用。孙绍振教授的“还原法”，简单实在，便教利学。所谓“还原”，就是“根据艺术形象提供的线索，把未经作家加工的原生的形态想象出来，找出艺术形象和原生形态之间的差异，有了差异就不愁没有矛盾”。而有了矛盾，就可以引发学生阅读思考，探寻诗词的奥秘了。

我在教学白居易的《夜雪》时，便借鉴了“还原法”，在学生熟读成诵之后，提了三个问题，一问：夜里下雪时，诗人在哪里？学生从“衾枕”一词可以得知，诗人此时正在被窝里睡觉，是被冻醒的；二问：既然诗人在被窝里，又怎么知道屋外下雪了？学生从“冷”、“明”、“声”、“知”这些字眼中，得知诗人是凭借感觉、视觉、听觉、知觉，从侧面知道夜里下雪了；三问：诗人写的是大雪还是小雪？学生又从诗句中的“讶”、“见”、“重”、“时闻”这些字词中，得知下的是一场大雪。通过这样三个问题，将诗人写作这首诗时的情形“还原”了，学生可以设身处地地像诗人那样地去看、去想、去感受，于是便深切地体会到了诗的意味和诗人的心境。而诗中“夜深知雪重”的“重”字，值得我们深究品味：雪花是轻盈的，为何说是“重”的呢？我引导学生联系下句“时闻折竹声”，推断出因为积雪厚，才不断地压断竹枝，在寂静的夜里发出清脆的“咯吱”声；再激活学生的生活经验：雪天，松枝上堆满了雪球，微风吹来便上下颤动，给人一种沉甸甸的感觉，“重”的意味便由此而来。如此“还原”解读，饶有情趣，且又诗意盎然，更为重要的是学生习得了“像诗人那样”的体味法，在头脑中“还原”出一个原生态的生活情景，加深了对诗词意境、意味的感受，也促进学生对诗词艺术化表达的深入品味。

当然，“还原法”仅仅是古诗词阅读方法中的一种，面对不同的诗词，要用不同的方法。最为重要的一点是，小学生阅读古诗词，还应从小学生的年龄特点出发，浅近、平易的阅读方法更易为学生所接受，最好的方法是最适合学生的方法。唯有对古诗词知其然，知其所以然，而又能立足学生的现有水平，出其然，才能使古诗词教学更加贴近学生的学习需要和发展的可能性。

二、课堂教学的审美化改造
——散文教学例谈

俗话说：爱美之心，人皆有之。散文之美在于“形散而神不散”，那优美的语言文字背后所蕴含的丰富情感，足以让人读后久久地回味。然散文好读却难教，尤其是经典的散文，文质兼美，似乎每一个字、每一个词、每一句话，都值得细细咀嚼、反复推敲，且不同的读者、不同的心境，读来有不同的滋味。如何以散文之美造就教学之美呢?

朱自清先生的经典散文诗《匆匆》读来让人回味无穷、赏心悦目，那淡淡的伤感与无奈中透露着一颗进取之心。如此美妙的文学作品，足以让学生心生爱恋，在朗读与体悟中领略文学的无限魅力，获得精神与语言的同构共生。然而，这篇文章一旦到了语文课堂里，经语文教师这么一教，字词句篇那么一讲解，往往变得索然无味，所有的美感几乎荡然无存。要知道，从作品阅读中获得的那种愉悦心灵的美感，才是最为强烈而持久的学习兴趣与动力。教师的教，是为了让学生更加清晰而深刻地感受到作品内在的美，而不是消解甚至钝化学生的美感。就《匆匆》而言，我从以下三个方面着力课堂的审美化改造。

1. 重锤敲击：叠词的节奏之美

乍一读，《匆匆》很美；细品读，《匆匆》更美。但这种美常常是只可意会不可言传，学生很难说得清楚、弄得明白，因为语文教师常常笼而统之，极少引导学生发现作品的语言美在何处、为何会美。窃以为，仅仅依赖学生朗读感悟作品之美，而未教给学生鉴赏的方法与路径，学生的阅读感悟力只能是一种自然的生长，而不是教学促进的结果。

《匆匆》之美有很多方面，而我只选取了“叠词”之美来教，盖因“叠词”是此文语言的一大特色，五六百字的作品中居然有十五六处叠词，如散落在天空中的星星，若隐若现，使全文处处体现了语言的节奏韵律之美。选择“叠词”之美来教，只是确定了一个教学内容，而最为重要的是如何演绎“叠词”之美？我借用了“匆”的两个古体字“悤、怱”，故布疑阵，激起学生的好奇心，而后通过“匆”与“匆匆”的比较朗读，让学生发现“叠词”的节奏之美。之后，学生从文本中寻找了诸多“叠词”，而每一次发现的“叠词”，我都从不同的角度诠释其独特的美感：“头涔涔、泪潸潸”的对偶之美，“斜斜的太阳”的姿态之美，“轻轻、悄悄”的姿态、声音描摹，“赤裸裸、白白”的情感表现。如果没有教师的诙谐点拨，没有看似随意实则有意的朗读比较，学生很难对这些“叠词”的意味有如此深刻的感受。再好的词语，如果没有在学生的心里留下深刻的印迹，都不会化为学生的言语养料。

对“叠词”的重锤敲击，让散落的语言珍珠成为一条璀璨的语言项链，语言之美便一下子凸显出来了。语文教学，就是要从文本中发掘那些隐藏或散落的语言珍珠，放大了呈现在学生眼前，让学生觉得眼前一亮，那么，这篇作品的语言之美就打开了一个缺口，学生才可能从缺口处逐渐深入，探寻到整个的语言风景。如若总是蜻蜓点水，看似都教过了，其实什么都不曾留下，这样的教不如不教，因为肤浅的教学只能造成学生阅读敏感力的钝化。

2. 深层追问：时间的哲思之美

《匆匆》是一篇精美的散文诗，教学方法一般以读为主。的确，朗读不失为教学本文的一种简便而又有效的方法，文中的语言与情感，乃至更多的思考，都可以在多层次的朗读中慢慢感悟。有些老师说，《匆匆》的教学，应该着力于体会作者对时间飞逝的惋惜、无奈、悔痛与不甘，在“情”字上做文章。对此，我们不妨往深处想一想：作者的这些情感或者说是情思，从何而来？世界上没有无缘无故的爱，也没有无缘无故的恨。所有的情感都有源头，都有独特的触发点。阅读此文，仅仅从文本中感悟到作者的丰富情感是不够的，还需要进一步理清何以如此。于是，我在教学中设计了两个问题：我们什么时候感觉时间匆匆？朱自清当时才 20 多岁正当青年，却为何感觉时间匆匆？第一个问题是基于学生已有的生活经验，而第二个问题则是从情感出发而作的深层追问，具有思考价值。

我以为，《匆匆》不仅仅是一篇抒情散文诗，还是一篇充满哲理思考的散文诗。因此，教学不能仅仅停留在感情朗读上，而应该在感情朗读的基础上，跳出来做些理性的思考。你看，学生从文本中发现了“万物有反复、时间不复返”的特点，更发现了作者因“一事无成、虚度岁月”而产生了强烈的“匆匆”之感。此时，我适时点明：时间无限，生命有限。这样的追问，充满了对时间、对生命的哲理思考，越咀嚼越是意味无穷。而且，阅读从情感体验到哲理思考，既读到了文本的深处，也读到了作者的心里，最重要的是读到了自己，学生可以从文本返照自身，照亮自己的内心世界，从而获得一种精神上的提升。

3. 比照生活：语言的形象之美

《匆匆》的言语形式的“秘密”在于，作者把抽象的时间具象化了，把本来看不见、摸不着、感觉不到的时间，写得形象可感。对于学生来说，时间一去不复返、不要虚度光阴等，都是已知的常识和道理，无须多教。但对于语言的具象化，学生靠自己阅读感悟，很难有透彻的理解与领悟，因而不仅需要教，还需要教出其中的滋味与奥秘。

教学中，我聚焦在“八千多日子”和“一个日子”上，引导学生去破解作者是如何表现“八千多日子”的匆匆，又如何表现“一个日子”的匆匆？于是，学生敏锐地捕捉到了“八千多日子就像一滴水滴在时间的流里”这一个夸张的比喻，但“八千多日子”与“一滴水”之间的形象反差，学生一时难以体察。我便用生活化的方式和学生一起体察“匆匆”：滴答，24 年（八千多日子）过去了；再滴答，24 年过去了；再滴答，24 年又过去了；再滴答，一生就过去了。这样幽默而又充满智慧的演绎，让学生深刻地理解了这个比喻的美妙与传神，个中滋味就在这四个滴答中慢慢品味到了。

而表现“一个日子”的匆匆，作者用了整整一大段话来描述，其中的修辞手法贴切而丰富，语言堪称精美绝伦，意味深远。然教学要取其精粹，集中在一个点上，方能让学生站在一个审美的高点，对语言的体会有一种豁然开朗之感。我引导学生借用文本的语言形式，练习说话："读书时，时间从________；写字时，时间从________；唱歌时，时间从________；跳舞时，时间从________。"引导学生比照思考："作者干吗不写些有意义的事情呢？偏要写起床、吃饭、睡觉等这些貌似很俗气的事情？"细细推敲之下，学生猛然发现，朱自清的伟大之处正在于他借这些俗气之事，写出时间消逝的悄无声息。这就让每一个人都对自己浑浑噩噩的生活幡然醒悟，对时间有一种清醒的认识。语言的形象就是时间的形象，而对时间的形象做出深刻的生活化比照和解读，方能促进学生对语言结构的领悟。

三、看别人如何"说理"

——议论文教学例谈

苏教版小学语文教材中，编排了《说勤奋》（第 7 册）、《滴水穿石的启示》（第 9 册）、《谈礼貌》（第 10 册）、《学与问》（第 11 册）、《学会合作》（第 12 册）5 篇简单的议论文，都属于说理性文章。教学这类课文容易滑入"跟着课文内容跑"的怪圈，纠缠于"为何要勤奋？如何勤奋？"诸如此类的问题，语文课异化成了"思品课"，或者直接成了"说教课"，与语文课渐行渐远。说理性文章的教学，不仅仅要关注"说什么理"，更重要的是要关注"如何说理"，要思考"为何这样说而不那样说"。正如王晓春先生所说：语文课要求你听人家谈生意，想的是"他是如何谈生意的"，听人家谈家常，研究的是"他为何用这种方式谈论家常"。简而言之，语文课天生就有一种研究气质、一种独立视角，无论你说什么，我都要戴着语文眼镜，从语文角度揣摩一番。

1. 关注"如何说理"

教学议论文，当然要教论点、论证及结论，要教学生准确地把握每篇课文的“三要素”。但议论文教学的核心价值在于教会学生“看别人如何说理”、“如何以理服人”，从中揣摩具体的说理方法和内隐的表达规律。就上述5篇课文而言，都运用了例证法，即用事例来议论说理。在一般人看来，例证法无非就是选择恰当的事例，一个事例加一个事例地证明观点而已，把“议论文”变成了“证明文”。但再典型、再恰当的事例，如果作者只是单纯地举例，就会削弱事例内在的“说服力”，而教学正是要让学生发现课文是如何“就事说理”并“以理服人”的。

以《谈礼貌》为例，文中引用了三个故事：牛皋与岳飞向老者问路、小朋友脚踩女青年的裙子、朱师傅理发时刮破周总理的脸。故事内容一读就懂，所讲的道理也一看就明白，似乎没有什么可以教的。然细细推敲，我们会发现：三个故事在叙述上都聚焦在当事双方的对话上，其他的情节则省略不写。这样有侧重的叙事正是为了突出“礼貌用语”的意义和价值，切合“谈礼貌”的说理意图；每个故事叙述之后，都用一句话概述其中的道理，点明讲礼貌及使用礼貌用语的作用和意义，增强了故事的说服力。这种“叙事+议论”的段落结构有别于一般的叙事性文章，因而具有教学的价值，可以设计这样的教学活动：

板块一：比较读，异中求同。让学生通读三个故事之后，用心发现三个不同内容的故事有何相同之处。提示学生尤其要关注作者是“怎么写”的。

经过比较之后，学生不难发现作者“侧重对话”的叙事方法及“先叙事后议论”的说理方式。这样的比较阅读实质上是引导学生从沉浸文本思想内容转移到关注文本语言形式。学生是在学语文，而不仅仅在学课文。

板块二：比较读，同中求异。让学生将三个故事中的三句议论做比较阅读，看看同是议论却有何不同。

这正如俗话所说，“礼到人心暖，无礼讨人嫌”。

礼貌待人可以在人与人之间架起一座理解的桥梁，减少相互间的矛盾。

可见文雅、和气、宽容的语言，不但沟通了人们的心灵，而且反映出一个人的思想情操和文化修养。

通过比较，学生自然就能发现其中的不同之处：引用俗语议论，阐述礼貌待人的作用，论述礼貌对于个人的意义。一层比一层深入，是递进式的议论说理。学生据此就能真正把握三个故事如此排序的内在规律。

板块三：学改编，活用结构。教师给学生提供三个故事《千里送鹅毛》《约翰逊访泰》《外交官的尴尬》，让学生区分哪一个故事与本文的论点相符合，并说明理由；而后请学生将这个讲礼貌的故事缩写成百字文，并写上一句切合故事的议论；最后请学生比较这个改编的语段，可以置换文中的哪一个语段，并说说理由。这样的改编活动融阅读理解、概括表达、深度思维于一体，促进了学生语言能力与思维能力的同构共生。更为重要的是，学生习得了议论文中事例叙述的详略方法及"一事一议"的文本结构，今后阅读相似的文本就能结构化解读，而不再逐句阅读了。

相对于《谈礼貌》的"一事一议"，《滴水穿石的启示》在引用李时珍、爱迪生、齐白石三个事例后，以"你看"一词为导引，总括了一段解说，阐明了"滴水穿石"的精神。有别于《谈礼貌》的简单议论，《学与问》在叙述哥白尼的事例后，用了整整一个段落加以深度阐释：从"学会发现问题"到"随时请教别人"，最后点明"能者为师"的道理。在叙述沈括的事例后，也用了整整一个段落加以深入解释，阐明了"学与问"的内在关系及对于我们学习成长的启迪。其严密的逻辑论述和辩证的思维方式，具有极强的说服力，读来让人信服。

遗憾的是，5 篇议论文中的事例都是正例，且叙事后的议论都是从正面来阐述的，这样的议论就局限在单向度的思考中。如果能引用反例，或者就正例从反面做"假设性"的阐述，或许就更加辩证，也更具有说服力。以《谈礼貌》中"踩裙"一事为例，教师不妨引导学生做这样的假设：如果小朋友没有说"对不起"，女青年没有说"没关系"，这件踩裙子的生活琐事有可能演变成一场唇枪舌剑的口角，给当事人造成身体及心理上的伤害。而后，再说"礼貌待人可以在人与人之间架起一座理解的桥梁，减少相互间的矛盾"，让人更为信服。可见，对事例要从正、反两个角度进行分析思考，论述时可以正例反解，反例正解。如此，便突破了一般人的单向思维，起到与众不同的说理效果。

北京市海淀区教师进修学校的姚家祥老师创造性地概括了例证法中“就事说理”的具体方法：假设因果法、论据引申法、例后解说法、正反对比法等。但无论使用哪一种方法，都需要对事例做具体而深入的分析，找到那一个有“理”的点，才能让议论折射出理性的光辉。

当然，例证法只是众多说理方法中最为常用的一种，其他还有归纳法、演绎法、类比法、对比法、反驳法等，而每一种方法在运用中又可以衍生出多种形态的表达样式，呈现丰富多彩的说理文本。阅读这样的文本，就要寻根问源，做逆向思考，从“如何说理”的写作角度来发现隐藏其中的表达方法及规律。如此，议论文的阅读及教学便充满了理性思考的无限乐趣。

2. 关注“理”是否科学

议论文教学关注“如何说理”，着力于文本的表达形式及学生“表达思想的能力”，体现了语文课的“独当之任”。然而，议论文所议之“理”从何而来？所言之“理”是否充分？自圆其说的“理”是否有破绽？由此“理”还可能产生哪些更有价值的“理”？这些问题关乎学生对事理的认识，关乎学生能否独立思考，进而产生属于自己的思想，确立自己的“理”，即关乎学生“产生思想的能力”。教学不是让人学会相信，而是让人学会思考，议论文教学尤其如此。

上述5篇课文所论之“理”，耳熟能详，作者或引用古训揭示、或借用景观引发、或由常识追问，提出观点的方式纵有不同，但几乎都是众所周知的“常理”。这些“常理”往往以名言、警句、格言、妙语等形式出现，常常被人奉为经典。阅读这样的说理性文章，惯有的思维定式造成学生容易“相信”，而少有独立的思考，更缺乏怀疑精神与批判意识。于是，学生就难以从中获得新的认识，更难产生新的见解和思想。即使文中出现武断的结论，也不会主动质疑，批判思考。

比如《说勤奋》在结尾处下了这样一个结论：“如今，我们的生活和学习条件虽然有了很大的改善，但仍不能忘记‘勤奋’二字。只有一生勤奋，才能有所作为，才能对人民、对社会作出应有的贡献。”纵观全文，生活和学习条件的好坏与是否勤奋之间没有必然的联系，司马光和童第周的事例也未曾体现生活条件对他们勤奋的影响。其实，勤奋是一种意志力，勤奋学习、勤奋工作都需要一个人具备顽强、持久的毅力。生活和学习条件的好坏似乎与“勤俭”关系更加密切些。

再如《谈礼貌》一文的结尾说：“学会礼貌待人，恰当地使用礼貌语言，就能使人与人之间的关系更加和谐，社会生活更加美好。”这句话中的“就”字暗示前后两个分句之间是“只要……就……”的充分条件关系，而事实应该是“只有……才……”的必要条件关系。因此，这样的结论似乎有待商榷。这就给语文教学、给学生的思考留下了空间。

新的思想和观点不仅来自于学生阅读过程中对文本观点及论述的批判性思考，更多的是来自学生对生活事件的深度分析与思考。就同一个事件，可能产生不同的思想，得出不同的“理”来。比如《滴水穿石的启示》中齐白石晚年仍“不教一日闲过”的事例，既可以说明他具有坚持不懈的精神，也可以说明他一生都很勤奋。视角的转换可以让一件寻常的事例折射出多彩的理性光辉。所以说，学生在说理论述时，其实不缺事例，缺的是对事例、对材料的独到分析。有人戏称现在的学生是“端着金饭碗要饭吃”。议论文教学，就是要教会学生找到自己的“金饭碗”，从事实材料中产生属于自己的见解和思想。这样的教学，才能真正促进学生精神的发育和智慧的生长。

四、语文知识的教学转化

——说明文教学例谈

1. 知识教学：现代语文教学的标识

20 世纪的语文教学脱胎于古代百科全书式的综合性教育，其标志是“语言专门化”，呈现“知识化”的发展趋势。在语文教育改革浪潮中，“知识化”成为批判的焦点，“不宜刻意追求语文知识的系统和完整”、“不必进行系统、集中的语法修辞知识教学”等“淡化知识”的语文课程的新主张，导向偏重语文实践体验的“语感”教学，以致教师和学生缺少应该掌握的最低量的语文知识。

《雾凇》是一篇说明性的文章，文中有这样一个语段：“这蒸腾的雾气，慢慢地，轻轻地，一层又一层地给松针、柳枝镀上了白银。最初像银线，逐渐变成银条，最后十里长堤上全都是银松雪柳了。”

学生凭借已有的阅读经验和生活常识，不难理解语段的内容，也不难感觉到语句的优美。教学中教师常常会和学生就语句进行赏析：雾凇的形成过程何以写得如此优美？师生的目光聚焦在“比喻”上，一谈到比喻，习惯性地集中在“把什么比作什么”与“这样比有什么好处”这两个常识性的问题上，未能就这个比喻的独特性做深入的解读。同样要突出“白”，为何不比作白盐或者白糖？如此比较，学生自然会想到白银较之于白盐与白糖的特质：珍贵，有光泽，惹人喜爱……于是，就发现了作者比喻的“情感色彩”：选择不同的事物来作比，其实表达了作者不同的情感。用“白银”作比表达了作者的喜爱与赞美之情。掌握了比喻的“情感色彩”这个修辞知识，师生的语句赏析就有了凭借，就有了深入探讨的可能。

再如这段话中的“镀”字，教师一般让学生用其他的字词来替换，如“涂、堆、盖”等，在置换比较中，领悟使用“镀”的不同之处。然这样的置换法，学生总是徘徊在经验层面，未能提升到词语运用的知识层面，所学就很有限。“镀”的原意是用化学方法让一种金属薄薄地附着在另一种物体的表面，这个过程一般要用8—10个小时；而雾气遇冷凝结在松针柳枝上，形成雾凇的过程一般也需要8—10个小时，且都是覆盖在表层。所以，文中的“镀”字是词语的“借用”现象：一个本来很寻常的“镀”字，改变其运用的语境，就产生了特别的表现力，给人以想象的空间与阅读的美感。这样的词语“借用”教师只要留意，时常可以有令人惊喜的发现。有知识的教学，必能让学生有豁然开朗之感。

可见，“比喻的情感色彩”、“词语的借用”等都是关于语言运用的语文知识。我们的语文教学是母语教学，学生是带着对母语朴素的认识走进课堂的，如果没有这些语文知识的介入，教师就只能在这种常识语言的水平上与学生对话交流。正如刘大为先生所言："深刻的感悟将会因为没有必要的概念作媒介而烟消雾散，睿智的指点也将会因为找不到合适的语言而变得平庸无奇。"从根本上说，失去了必要的语文知识作为支撑，语文教学必然是一个无序、失控，只能在低水平上重复的过程。

2. 言语知识：最有价值的语文知识

什么知识最有价值？斯宾塞的这个问题切中了语文教学的要害。长期以来，语文教学教了不少知识，但学生的语文能力依然没有起色，"少、慢、差、费"的现象普遍存在。

吕叔湘先生说："语言是人们交流思想的工具，可是打开任何一本讲语言的书来看，都只看见'工具'，'人们'没有了，语音啊，语法啊，词汇啊，条分缕析，讲得挺多，可都讲的是这种工具的部件和结构，没有讲人们怎么使唤这种工具。""工具的部件和结构"就是静态的语言知识，自然有其价值，但这种价值是在人们的"使唤"中实现的。这种"使唤"的知识就是动态的言语知识，即如何运用语言的知识。余应源先生说得好："懂得铁锹的部件和结构而不掌握它的功能和使唤方法，铁锹无异于废铁一堆；对于语言研究而言，只重语音、语法和词汇等语言知识，而不讲人们在交际中对它们的使用情况，亦即撇开言语和言语行为知识，势必只是一堆静态的东西，是没有多大实用指导价值的。"

如果我们的语文教学仅仅教学生背诵那些关于语言的事实性知识，而不教学生如何运用这些知识的知识，即言语知识，知识就难以转化为言语实践的力量。什么是言语知识？借用王荣生先生的话，就是关于"听、说、读、写的事实、概念、原理、技能、策略、态度等"。简而言之，语文教学教什么？就是教学生如何听、说、读、写。这种语文学习过程中的知识，直接指向学生的语文实践，可以促进学生言语技能的形成，有"立竿见影"之效，更可以促进学生言语智能的生长，有"潜滋暗长"之功。

如《雾凇》一文，学生要理解"雾凇"的形成原理，须理解与此相关的四个概念：水汽、雾气、霜花、雾凇。这四个词语是静态的语言知识，学生借助已有的字词积累，早已会读、会写了；凭借已有的生活经验，也早已知道所指的自然现象。然而，“知”与“能”并非一回事，学生知道这些现象，却未必能“说清”这些现象。要向人介绍“雾凇”这个自然界的“奇观”，就必须运用准确的语言来解释“雾凇”的形成原理，这就关乎语文教学视阈中的“言语知识”。教学中，当学生想说却说不清的时候，教师可以出示“饱和的水汽—遇冷凝结—小小水滴—漂浮，零度以下—小小冰晶—附着”等关键词串，提示解释的表达思路，请看学生的表述：

空气中饱和的水汽遇冷凝结成小小水滴，飘浮在空气中，就成了雾；这些水汽如果遇到很冷的空气，在零度以下，就凝结成小小冰晶，附着在花草上，就成了霜花。一般的霜花是附着在地面上的，而附着在树枝上的霜花，就成了雾凇，俗称“树挂”。

这些关键词串实质上暗示了这些现象之间的因果关系，让学生的语言表述连贯而有逻辑，促进了学生已有的言语水平的发展。刘大为先生指出“学生可以处在语感的状态中，教师必须处在知识的状态中”，我们不一定要向学生揭示这种言语知识，但教师自己必须要清晰把握。

再如，《雾凇》一文中出现了很多修饰事物特征的词语，这些原本是静态的语言知识（语言材料），如果只是读一读、记一记，很有可能变成消极词汇，不能转化为学生的言语行为（言语能力），唯有转化为动态的言语知识，才能真正为学生所掌握。当教师要求学生用课文中的词语形容“雾凇”时，学生写出了一连串的词组：洁白晶莹的雾凇，银光闪烁的雾凇，美丽动人的雾凇，银松雪柳般的雾凇，琼枝玉树般的雾凇……银松雪柳、琼枝玉树，这两个词语原本是对雾凇形态的比喻，而学生用来作为修饰雾凇的定语，重组成了一个“……般的”比喻式词组，是一种语言的创造，也是最有价值的言语知识。这种知识并非教师“告诉”的，而是学生尝试着“发现”的。所以，言语知识是在言语实践活动中生成的，是学生自主建构而成的。

3. 语感实践：语文知识的教学转化

王荣生先生指出：语文知识的学习，很大程度上就是将纳入语文课程与教学的“人类知识”（语识），转化为学生的“个人知识”。根据建构主义的观点，这种转化是由认知主体积极建构的，是通过新旧经验的互动实现的。从学习的结果看，学生对语文知识的掌握，既可以是语识的状态，也可能是语感的状态。

所谓“语感”，简单地说，就是对语言文字（言语形式）的敏锐感。学生在大量的语文实践活动中积累了丰富的言语经验，特别是听说领域的语感，基本上是在自然的生活状态下获得的。乔姆斯基认为，语感是一种基于得自先天遗传的“语言习得机制”又来自后天经验的直觉的语言知识，人们能够由此自然而然地识别、理解和生成语句。语感有赖于经验性的语言知识，又依赖于人的思想观念和情感态度，可以对生活中的语言现象作出正误、是非、真伪、美丑的判断，是人们相互交流的无意识的言语能力。

从语文教学的内容来看，知识可教，而语感不可教；从语文教学的目的来看，不是让学生掌握知识，而是让学生形成能力。由此，语文教学须基于学生的语感，从已有的言语经验中提炼出言语运用的规律，形成言语知识；但语文教学不仅仅止步于此，还应借助典范的言语作品，让学生从他人的言语活动中发现有用的言语知识，在生活化的语境中加以实践运用，渐渐形成言语能力，从而熟能生巧，转化为语感，这种教学体现了“举一反三”的转化过程。语文教学正是实现“由语感到语识、由语识到语感”的双向转化。

如《雾凇》一文的第二自然段，用了短短的 8 句话描述了雾凇的形成过程。8 句话很短，然读来让人感觉这个过程很漫长。这里藏着什么言语的秘密（言语知识）呢？细细推敲，学生发现文中用了一连串表示时间变化的词语：渐渐地、慢慢地、一层又一层、最初、逐渐、最后。这些词语表示时间节奏的缓慢，可以把雾凇的形成过程“拉长”、“放缓”、“变慢”；而后，教师可指导学生运用这些词语，将生活中雾天的形成过程写“长”、放“缓”、变“慢”。这个“由知而能”的教学过程，就是遵循了语文知识的教学转化规律，最终发展的是学生的语文表达能力。其间对时间变化词语的恰当运用，又增进了学生语感的发展。

在语文知识关照下的语感实践，不再是自然状态下在黑胡同里的暗自摸索，而是有目标、有方法、有路径的自觉学习，必定能让语文教学走出一条科学的大道来。

五、人生聪明识字始

——识字教学例谈

自古以来，不识字的人就被称为文盲。柳斌同志在全国小学语文识字教学交流会上谈到：“真正意义上的教育，是从识字开始的。人生识字聪明始，成人识字率高的民族才可能是，也一定会是高素质的民族。”识字教学是启蒙教育的开始。心理学研究表明，儿童语言能力形成和发展的关键期在4—9岁。由此可见，小学的第一学段（一二年级），是儿童学习书面语言文字的最佳期。实践证明，儿童掌握的识字量、词汇量越多，认识事物的能力就越强，思维发展就越迅速，表达形式就越丰富。因此，教学生识字的意义并不仅仅在于“扫盲”，而在于让学生变得越来越聪明。

《义务教育语文课程标准（2011年版）》在学段目标与内容中就识字与写字作出了具体而明确的规定，出现频率最高的是这样三个关键词：主动识字、独立识字、书写习惯。在教学建议部分，又对识字与写字分别提出了具体而切实的建议：识字教学要注意儿童的心理特点，将学生熟识的语言因素作为主要材料，结合学生的生活经验，引导他们利用各种机会主动识字，力求识用结合；练字的过程也是学生性情、态度、审美趣味养成的过程；要在日常书写中增强练字意识，讲究练字效果。

众所周知，遵循规律的语文教学才是科学的教学，才能提高语文教学的质量，才能促使学生变得聪明起来。而识字与写字教学，则需要遵循汉字的构造及识记规律，遵循儿童的识记规律，遵循识字与写字的教学规律。如此，才能创造出适合学生主动而充分发展的“聪明”课堂。比如，南京琅琊路小学查晓玲老师的识字课就打破了程式化的设计，体现了“因学而教”。她提出了“要把字教丰厚”、“引导学生自主识字”的教学主张。“丰厚”是看到了汉字背后的“故事”，“自主”是看到了汉字身后的“儿童”。眼中有“儿童”，心中有“故事”，识字教学便有了精彩的生活。

1. **主动识字：兴趣始于识世**

燕国材教授在《学习心理学》中提出学习的五个层次：愿学、好学、乐学、勤学、独立学习。愿学的心理基础是学习动机，好学的心理基础是学习兴趣，乐学的心理基础是学习情感，勤学的心理基础是学习意志，独立学习的心理基础是学习性格。课程标准中对第一学段的学生提出的教学目标是“喜欢学习汉字，有主动识字、写字的愿望”，对第二学段的学生提出“对学习汉字有浓厚的兴趣，养成主动识字的习惯”，意味着要让学生对汉字产生学习的兴趣和探究的欲望，从而产生持久的学习动力。然而，汉字的识记毕竟是一件复杂而艰苦的脑力劳动，外在的、一时的兴趣难以维持长期主动学习的内驱力。秘密就在于，识字的兴趣其实始于“识世”。

（1）字理“识世”。20 世纪 50 年代，印度总理尼赫鲁曾对他的女儿说：“世界上有一个伟大的国家，她的每一个字，都是一首优美的诗，一幅美丽的画，你要好好学习。我说的这个国家就是中国。”汉字起源于汉民族的劳动与生活，是表意文字，学生识字的同时也认识了与此汉字相关的历史事物、古代文化，也就是“识世”，识的是汉字起源时的那个“世界”。因此，查晓玲老师努力“引导学生回到古文字，从字的演变中初步接触构字规律”，这个构字规律就是字理。

随着时代的变迁，汉字进行了演化和简化，部分汉字已难以按其字源义来解析其字理了，比如“仆”字，简化成了一个形声字，而繁体字中的“仆”则是一个会意字，像一个囚犯，头上插着茅草，尾上插着羽毛，双手端着簸箕在扬糠簸米。回到古文字，可以让学生“知其然更知其所以然”，识字的过程就变得有趣起来。而著名的语言学家殷焕先先生认为对汉字的字理解析应该与时俱进，“重新赋予汉字构形的理性，我们先民发扬过这种智慧”。斯霞老师在教“蚓”字时引导学生识记为：古人认为蚯蚓是一种昆虫，所以“蚓”字有一“虫”字旁；蚯蚓爬行时身子有时弯弯曲曲的像“弓”字形，有时又拉直了身子像“丨”字形。斯霞老师把形声字灵活地当作会意字解析，形象、生动，便于学生理解和记忆，是一种创造性的字理“识世”教学。学生借助识字不断认识生活的世界和曾经的世界，求知的欲望和学习的满足感油然而生，生生不息。就字识字，白白浪费了汉字积淀的丰富文化，也让识字变得索然寡味。

（2）用字“应世”。识字不是为了“应试”，而是为了“应世”，即在生活中运用所学的汉字，体验识字带来的种种变化和益处，说到底，识字是为了更好地生活。比如《识字 8》中的“请”字，教学时不能满足于用“请”组词或者造句，而应该从“请”字在生活中的意义着眼，让学生尝试着运用于具体的语境，如迷路时怎么寻求别人的帮助？学生自然要说“请问……”在这样的语境运用中，学生自然深切地感受到“请”字这个礼貌用语的重要意义，体会到“请”字带来的生活变化。于是，“请”字就有了生活的体温。这样的识字教学，又怎能不让学生产生学习的兴趣与愿望呢？而识字一旦脱离学生的生活实际，就变成了一种记忆的负担。

2. 独立识字：能力源于方法

语文课程标准对于培养学生的独立识字能力提出了阶段性的要求：学习独立识字，能借助汉语拼音认读汉字，学会用音序检字法和部首检字法查字典（第一学段）；有初步的独立识字能力。会运用音序检字法和部首检字法查字典、词典（第二学段）；有较强的独立识字能力。累积认识常用汉字 3000 个左右，其中 2500 个会写（第三学段）；能熟练地使用字典、词典独立识字，会用多种检字方法。累计认识常用汉字 3500 个左右（第四学段）。

独立识字就是学会独立学习，意味着学生具有自主学习的意识，发挥自身学习的能动性与创造性，逐渐摆脱对教师的依赖。事实上，追求独立与自由是人的天性使然，教学就是帮助学生获得独立与自由的能力，而能力的形成需要方法的支撑，缺乏有效的学习方法，就难以形成独立的学习能力。《识字8》的设计理念正是如此：我要通过自己的教学，为学生识字搭建必要的“支架”，再经由必要的引导，帮助学生自己学会认字，在探究、合作等一系列自主学习的活动中，认识本课的生字，感受到汉字的形体美……搭建识字的“支架”，就是教给学生识字的方法，授之以渔，而不是仅仅授之以鱼。

（1）字源识字。无论什么识字方法，都要遵循汉字的认读规律。汉字具有集形象、声音和词义三者于一体的特性。因此，就读音来说，可以借助汉语拼音正确认读；而字形的识记与字意的理解，都可以借助汉字的造字规律，实现“字源识记”。汉字有六大构字法：象形、指事、会意、形声、转注、假借。学术界比较统一的说法是前四种是造字法，而后两种只是用字法。据《说文解字》记载，独体字在汉字中只占一小部分，只有393个，其中象形字264个、指事字129个，而形声字却要占到90%以上。可见，识字教学的基本策略是：先学一部分基本字（独体字），再借助基本字学习形声字。

教学实践表明，独体字源于生活，借助事物及图像，便于识记，又具有强大的构字功能，而形声字的教学，重在学习偏旁部首与字意的“意合”。把握了这个识字的基本规律，纷繁的汉字就变得有序起来了，苏教版教材据此设计了“认一认（独体字）、词串识字、转盘识字、形声字归类识字、看图会意识字、随文识字”等识字形式，在教学的同时教给学生多种识字方法，逐步培养学生的独立识字能力。而查晓玲老师设计的教学活动“发现形声字、认识偏旁部首、自学生字、游戏反馈、诵读儿歌”，正是着眼于方法的传授与运用，着力于“自主识字”。

（2）生活识字。汉语是我们的母语，汉字在生活中随处可见，而学生的口语能力先于识字能力，能说不能识。如果能打通“说”与“识”，培养起学生生活识字的意识，识字能力会有快速的发展。教材编制的儿歌、韵文，实际上就是将汉字放回到生活语境中，通过诵读熟知、巩固。既然如此，学生的生活中有无数的儿歌、熟语、故事，还有无数的店名、标牌、广告等，只要教师引导得当，创造适合学生的识字方法，比如“故事识字、猜谜识字、实物识字”等，学生自然能在生活中体验到识字的无限乐趣与独立识字的成长感觉。我在《识字 8》的教学中设计了一个学生自制转盘的游戏活动，学生讲自己熟知或未知的基本字，添加偏旁，造出新字让别人游戏、识字，在交互式的互教互学中，形成了音形结合的识字能力，也是一种探索性的造字能力。方法唯有在生活中充分运用，才能转化为自身的能力。

3. 习惯养成：自觉出于模仿

随着计算机的普及，越来越多的人用计算机来写作，打字速度成了主要的生活技能，而汉字书写似乎成了书法爱好者的专利。然汉字的书写，不仅仅是生活的一项不可或缺的技能，其背后隐含的文化熏染更具深远的教育意义。一个民族如果连自身的文字都不能熟练书写，缺乏浓厚的情感，就从根子上断了血脉传承。而科学研究也表明，汉字的识记与书写，可以促进人脑思维与想象能力的发展，甚至有医疗机构运用汉字恢复脑损伤的功能。因此，2011 年版的语文课程标准，加强了识字与写字的教学，尤其是对于写字，在教学建议中特别做了如下表述：每个学段都要指导学生写好汉字。要求学生写字姿势正确，指导学生掌握基本的书写技能，养成良好的书写习惯，提高书写质量。第一、二、三学段，要在每天的语文课中安排 10 分钟，在教师指导下随堂练习，做到天天练。要在日常书写中增强练字意识，讲究练字效果。

当然，由于第一学段的学生手指肌腱处于生长期，脑神经与手指末端触感神经的连接尚在发育之中，握笔姿势时常会变形，因此不宜长时间练习写字，宜多识少写。而“提笔即是练字时”的书写习惯却要从每个字书写开始抓起，“认认真真写字，堂堂正正做人”，应成为学生的座右铭。然书写毕竟是一件用心费力的“苦差事”，要自觉非有毅力不可，而毅力又来自哪里？就我的书法学习经历而言，恒久的意志力出于对汉字书写“美”的追求和需要。引我入门的书法家陆修伯先生常常让我静坐“读帖”，就那么端坐着，用心“读”悬挂在墙上的放大了数倍的字帖，反复地“读”，反复地“记”，直至将这些字的优美姿态刻印在脑海里，提笔时即能浮现。汉字书家的字体之美，常常令我赏心悦目，加上老师的指点，更觉美不胜收，常常流连忘返。于是，每天临帖练习，不觉是一件苦差，而成了一种享受，良好的书写习惯自然就悄悄养成了。

反观我们现时的写字教学，教师自身对汉字书写的独特之美缺乏审美的眼光，更缺乏书法的技艺，所做的指点几乎大而无用。与其强迫学生每天练字多少分钟，不如以身示范，凭教师自己一手漂亮的书法，启蒙学生书写的自觉追求。技能性的教学，往往需要示范性的引领，而不是指令性的说教。好习惯是“模仿”出来的。

后记

我是一个并不聪明的人，如果说在语文教学研究上有些成绩的话，也是因为比别人稍微勤奋一点而已。这得感谢我的母亲，她在我儿时就在我的心里种下了勤奋的种子，也让我懂得，不聪明的脑袋再勤奋也做不了太多的学问，只能专注于一件事，用一生的时间去做，或许还有可能做出一点学问来。

1997 年三四月间,沈正元先生帮我梳理语文教学经验,偶然发现了“组块”这个词语，建议我就此做一个语文教学研究课题。没想到我一做就做了 18 年，从“小学语文组块教学实验研究”，到“智慧解放理念下的小学组块教学研究”，以及正在进行的“关联理论视域中的小学语文组块教学研究”，一步一个脚印，一个脚印一个台阶。

研究伊始，组块教学作为一种教学方法，着眼于“怎么教”，将零散的语文学习活动围绕一个核心的教学目标整合成一个教学板块，实现一个板块活动达成多个教学目标，以此改善课堂教学结构，提高语文教学效率。随着研究的深入，组块教学由教学方法转向了教学内容的研究，将散落在文本中的语文教学内容围绕一个核心的语文知识（读写方法）整合成一个内容板块，实现了语文教学内容的开发与重组，试图从根本上解决“教什么”的难题。但语文教学内容的建构毕竟不是一朝一夕就可以完成的，而所确定的语文教学内容是否科学、适宜，尚待学理的考证。组块教学从教学视阈拓宽到课程视野，需要理论的阐释和整体的建构。于是，组块教学在大量实践的基础上，确立了“为言语智能而教”的教学主张，厘清了为什么教、教什么、怎么教、教到什么程度等一系列问题，初步形成了大体上可以自圆其说的组块教学框架，探索出了一些有效的教学策略。

本书正是这一研究历程的粗浅总结，其中关于组块教学的理论思考部分，因水平所限，显得有些单薄，难免会贻笑大方。期待师友们给予指点，以便我更好地进行后续研究与实践。

组块教学这个名字并不那么可爱，似乎还带着点泥土的气息，一如我的名字。但是，我始终坚信，只要用深刻的思想与鲜活的实践不断地滋养它，终有一天，这个不起眼的名字会随着其学术的魅力，映入你的眼帘。

研究的历程是艰辛而又快乐的。其间，成尚荣先生给了我莫大的鼓励和切实的指导,每次见面,都询问我的研究进展,让我备受感动;杨九俊先生、彭钢先生对我的研究课题进行了前瞻性的引领，使我的研究迈上了新台阶；我的师兄王一军先生和他的博士团队，就组块教学的理论建构多次进行专题研究，给了我莫大的帮助；沈正元先生一如既往地关心我的研究进展，并在吴江给我创造了一个广阔的研究空间，我甚感幸运。此外，我还要特别感谢我的老领导姚荣荣先生、钟金泉先生，以及我的导师庄杏珍老师，是他们给我铺设了语文教学研究的第一个台阶；我也不会忘记朱永新先生、顾月华女士等众多师友、领导在我成长道路上给予我的鼓励和期待。

我知道,一个人的成长往往离不开在他背后默默支持的那一群可爱的人。

薛法根

2014年3月写于舜湖

出 版 人　所广一
项目统筹　代周阳
责任编辑　代周阳
装帧设计　许　扬
责任校对　贾静芳
责任印制　叶小峰

图书在版编目（CIP）数据

为言语智能而教：薛法根与语文组块教学 / 薛法根著. —北京：教育科学出版社，2014.6（2025.6 重印）
（薛法根教育文丛）
ISBN 978 - 7 - 5041 - 8564 - 8

Ⅰ. ①为… Ⅱ. ①薛… Ⅲ. ①语文教学—教学研究—中小学 Ⅳ. ①G633.302

中国版本图书馆CIP数据核字（2014）第 088459 号

薛法根教育文丛
为言语智能而教——薛法根与语文组块教学
WEI YANYU ZHINENG ER JIAO——XUE FAGEN YU YUWEN ZUKUAI JIAOXUE

出版发行	教育科学出版社		
社　　址	北京·朝阳区安慧北里安园甲 9 号	邮　　编	100101
总编室电话	010 - 64981290	编辑部电话	010 - 64989422
出版部电话	010 - 64989487	市场部电话	010 - 64989009
传　　真	010 - 64891796	网　　址	http://www.esph.com.cn

经　　销	各地新华书店		
印　　刷	运河（唐山）印务有限公司		
开　　本	720 毫米 × 1020 毫米　1/16	版　　次	2014 年 6 月第 1 版
印　　张	13	印　　次	2025 年 6 月第 13 次印刷
字　　数	200 千	定　　价	52.00 元